Wolfgang Halac

So kannst du alles schaffen
Die Geschichte von Annas Weg zum Erfolg

Mit einfach nachvollziehbaren
Schritten zum Erfolg!

„So kannst du alles schaffen" erscheint als E-Book, Hardcover und Softcover.

Illustration/Bildmaterial und Covergestaltung: Wolfgang Halac

©2016 Wolfgang Halac

Jegliche Vervielfältigung, auch nur auszugsweise, ist nur mit schriftlicher Genehmigung des Autors gestattet.

Alle Angaben in diesem Buch erfolgen auch nach sorgfältiger Recherche und Bearbeitung ohne Gewähr, daher ist eine Haftung des Autors oder des Verlages ausgeschlossen.

Im Sinne einer besseren Lesbarkeit wird in diesem Buch gelegentlich nur die männliche oder weibliche Form von Personen verwendet. Damit ist keinesfalls eine Benachteiligung des jeweils anderen Geschlechts gemeint. Alle Texte sind geschlechtsneutral zu verstehen.

©2016
Herstellung und Verlag: BoD – Books on Demand, Norderstedt
ISBN: 9783741293290

Inhaltsverzeichnis

VOR~~WORT~~GESCHICHTE **7**
Aufbau des Buches **14**
Die Geschichte von Annas Weg zum Erfolg! **19**
   Ein aufgedrängtes Ziel 20
   Die ErfolgsNAVI-Technik 25

Anna findet ihr Ziel **31**
   Die Zielfindung 31
   Die Geschichte von nicht erreichten Zielen 32
   Mit der inversen Denktechnik raus aus der Komfortzone 33
   Lernen von den Besten 37

Anna schafft die notwendigen Voraussetzungen **49**
   Der Istzustand wird festgestellt 50
   Die notwendigen Voraussetzungen 54

Die Routenplanung **63**
   Die schnellere oder langsamere Route? 64

Anna beginnt die Fahrt zum Ziel **71**
   Das Ziel fokussieren 73
   Nicht mit Leidgenossen zusammenschließen 77
   Die Route wird neu berechnet 82

Auch eine Pause muss mal sein 88
Die Gewöhnungsphase 91
In der Not ist Übernatürliches möglich 94
Anna hat ihr Ziel erreicht 101
Feiern ist erlaubt 102
Dankbarkeit zeigen 104
Die fünf Schritte im Überblick 107
Ratschläge – Tipps und Tricks 113
Ihre Persönlichkeit 113
Der Umgang mit negativ denkenden oder demotivierten Menschen! 115
An welchen Rädchen können Selbstständige in ihrem Betrieb drehen? 118
In welchen Bereichen kann die ErfolgsNAVI-Technik eingesetzt werden? 120
Schlusswort 125
ErfolgsNAVI Ablaufdiagramm 127
Annas ErfolgsNAVI-Arbeitsblätter 128
Das Ziel definieren 128
Das Kartenmaterial erweitern (Voraussetzungen festlegen) 129
Die Route festlegen (Ablaufplan) 130
Gedanken und Notizen 132

Stichwortverzeichnis.. 133
Das sagen Teilnehmer über die ErfolgsNAVI-Technik 135
Über den Autor.. 139

VOR~~WORT~~GESCHICHTE

Was möchte ich mit diesem Buch bewirken? Ich möchte Ihr Leben verbessern.

Ich möchte, dass Sie beruflich vorankommen.

Mir liegt es am Herzen, dass Sie geschäftlich erfolgreich sind und sich dabei wohl fühlen.

Ich bin mir sicher, dass meine ErfolgsNAVI-Technik, richtig angewandt, bei Ihnen genauso erfolgreich sein wird, wie sie es bei mir war.

In diesem Buch vermittle ich Ihnen die Technik, welche Sie dabei unterstützt, Ihren beruflichen Alltag mit Freude und nach Ihren Vorstellungen zu leben. Erfolg, Glück und Zufriedenheit sollen für Sie in den Vordergrund gerückt werden. Ziele, die Sie sich setzen, sollen auch erreicht werden.

Gerade in der heutigen Zeit, in der immer mehr Eindrücke auf uns einwirken und wir in einem stressgeladenen Umfeld leben, ist es wichtig, unser Leben so zu gestalten, dass es auch lebenswert ist.

„Lebenswert" zu definieren ist nicht möglich, jede Person hat andere Werte. Was für den einen wichtig erscheint, kann für den anderen keine Priorität haben. Mit meiner ErfolgsNAVI-Technik helfe ich Ihnen, Ihr Leben für Sie individuell lebenswert zu gestalten.

Wenn ich mich umhöre, habe ich das Gefühl, es würden alle vom Leben getrieben. Es scheint eine Belastung zu sein, auf der Welt zu sein. Einige wenige bedauern diesen Zustand sogar. Warum ist das so?

Ganz einfach, wir nehmen *UNSER* Leben nicht in die eigene Hand.

Wir lassen uns von vielen Faktoren steuern und funktionieren nur noch. Kaum jemand lebt sein Leben so, wie er oder sie es sich vorstellt.

SIE sind selbst für *IHR* Leben verantwortlich. Mit dem Kauf dieses Buches haben Sie den ersten Schritt getan. Sie werden Ihr Leben so planen, wie Sie es gerne haben möchten. Sie werden sich Ziele setzen und diese erreichen. Sie werden mehr Freude am Leben haben und die Tage bewusster genießen können.

Jetzt werden Sie sicherlich einige Argumente finden, warum das nicht möglich ist, richtig?

Wer sagt denn, dass Sie alles, was Sie an Ihrem geschäftlichen Ziel hindert, so akzeptieren müssen?

Dass die wirtschaftliche Situation nicht immer erfolgversprechend ist, das ist sicherlich jedem Selbstständigen klar. Jedoch sich mit anderen in ein Boot zu setzen und die missliche Situation zu akzeptieren, weil es ja überall nicht gut läuft, ist der falsche Weg. Wenn die Wirtschaft nachlässt, ist es erst recht notwendig, seinen eigenen Weg zu gehen und seine Stärken gezielt einzusetzen. Es hat auch in schwierigsten Zeiten immer wieder Unternehmer gegeben, die sich hervorgehoben haben und die erfolgreich waren.

Wenn Sie das Buch zu Ende gelesen haben, sind Sie in der Lage, zu einem solchen erfolgreichen Unternehmer zu werden.

Vor einigen Jahren hatte ich das Problem, meine Ziele zu finden und diese auch strukturiert zu verfolgen. Sie können sich vorstellen, dass sich mein Erfolg bis dahin in Grenzen gehalten hatte.

Um es mir leichter zu machen, meine Ziele mit einem einfachen System zu definieren und zu erreichen, habe ich, aus einem eigenen Bedürfnis heraus, eine nachvollziehbare Schritt-für-Schritt-Technik entwickelt. Diese wird nun auch Sie schneller und vor allem sicherer zu Ihren Zielen führen. Diese Technik funktioniert wie ein Navigationsgerät im Auto und ist auf fünf einfachen Schritten aufgebaut.

Die fünf Schritte!

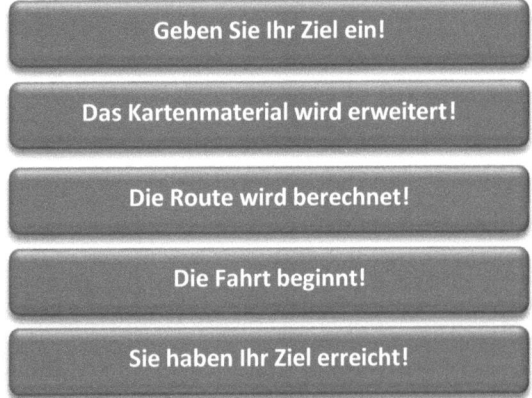

Der Vorteil für Sie,

- Sie erfahren, wie Sie Ihre Ziele finden
- Ziele werden sicherer erreicht
- weniger Aufwand bei der Zielerreichung
- mehr Wohlbefinden durch professionellen Umgang mit Herausforderungen
- Sie werden zielorientierter
- mehr Leistungsfähigkeit
- mehr Selbstsicherheit und Souveränität

Kurz gesagt: Sie werden erfolgreicher.

Ein wichtiger Effekt: Bei jeder Navi-Anwendung im Auto werden Sie an Ihre Zielerreichung erinnert. Diese revolutionäre Technik wurde in mehrjähriger Arbeit entwickelt, praxiserprobt und optimiert.

Sie fragen sich, es gibt doch so viele andere, die Ähnliches anbieten, warum soll ich dem ErfolgsNAVI vertrauen?

Sehr gut, es freut mich, dass Sie darüber nachdenken, auch ich bin schwer von etwas zu überzeugen. Doch so wie es scheint, hat bisher nichts wirklich funktioniert, sonst würden Sie dieses Buch nicht in Händen halten. Ich kann Ihnen versichern, die ErfolgsNAVI-Technik funktioniert. Versuchen Sie es einfach. Das Buch haben Sie ja schon gekauft, also können Sie nichts mehr verlieren. Wenn Sie die Technik wirklich ohne Wenn und Aber einsetzen, werden Sie auf jeden Fall gewinnen.

Zum besseren Verständnis habe ich nachfolgend eines meiner erreichten Ziele für Sie vorbereitet.

Hier ein Beispiel: Eines meiner Ziele nach der Fertigstellung der ErfolgsNAVI-Technik war, meinen Gewinn auf einen bestimmten Wert zu erhöhen. Sehen Sie selbst, wie sich der Einsatz dieser Technik auf meinen Gewinn ausgewirkt hat.

Vor dem Einsatz der ErfolgsNAVI-Technik hat sich mein Umsatz Jahr für Jahr in fast gleicher Höhe bewegt. Bereits nach einem Jahr *mit der* ErfolgsNAVI-Technik konnte ich meinen Gewinn um 40 Prozent erhöhen und im Jahr darauf nochmals um 81 Prozent. Mein Ziel war erreicht, trotzdem konnte ich meinen Gewinn auch im dritten Jahr steigern (wie das geht, erfahren Sie im Kapitel „Sie haben Ihr Ziel erreicht").

Wie Sie sehen, der Einsatz lohnt sich.

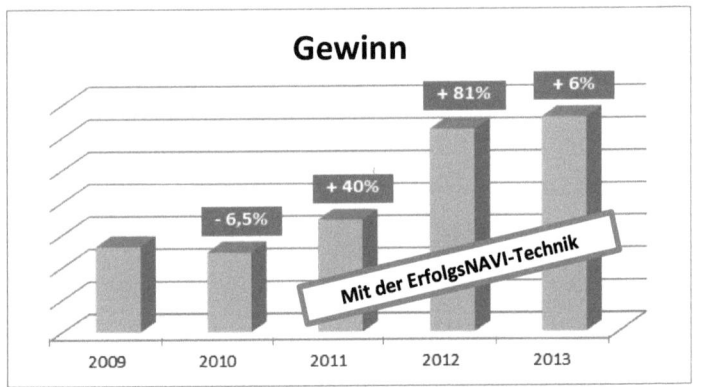

In diesem Buch habe ich für Sie die Informationen komprimiert. Das bedeutet, ich komme gleich zum Thema, ohne lange rundum zu erzählen. Der Vorteil für Sie, weniger Lesestoff, schnellerer Erfolg. Einziger Nachteil: Ich nehme mir kein Blatt vor den Mund und werde kein Jammern und Selbstmitleid fördern. Ich werde Sie auch nicht dabei unterstützen, dass Sie für Ihr Leben und Ihre Situation anderen die Schuld geben. Sie sind für sich selbst verantwortlich.

Die hier angeführten Informationen stammen einerseits aus eigener Lebenserfahrung, andererseits aus meinen vielen Seminaren, welche ich in den vergangenen Jahren durchgeführt habe und aus meiner Tätigkeit als Magier, die ich seit 1979 ausübe.

Der Vorteil für LeserInnen und TeilnehmerInnen ist, ich lasse meine Seminar- und Showerfahrungen sowie meine Fähigkeit, Menschen zu begeistern, in meine Vorträge und Bücher einfließen.

Ich wünsche mir, dass Sie einiges aus diesem Buch mitnehmen können und so einen Schritt näher zu Ihren Zielen kommen. Ich werde Sie immer wieder daran erinnern, selbstverantwortlich zu handeln und Ihr Leben selbst in die Hand nehmen.

Um das Buch einfacher und spannender zu gestalten, erzähle ich Ihnen die Geschichte von Anna und ihrem Weg zum Erfolg. Somit werden Menschen, die lieber Romane lesen, und auch jene, die kurze und prägnante Fachbücher bevorzugen, auf ihre Kosten kommen.

Am Ende haben Sie sicher genügend Ideen gesammelt, um Ihren Weg, genau wie Anna, erfolgreich zu gehen.

Ich wünsche Ihnen bei Ihrer Reise zum Ziel viel Erfolg und vor allem viel Spaß. Vergessen Sie nicht, Ihre innere Handbremse zu lösen!

Wolfgang Halac

Aufbau des Buches

In der nachfolgenden Geschichte sind viele Tipps und Tricks verpackt, daher halten Sie Block und Kugelschreiber bereit, um Gedanken und Aktivitätsschritte zu notieren. Ich persönlich mache mir auch gerne im Buch selbst Notizen oder markiere mir wichtige Stellen.

Es werden immer wieder praxisnahe Beispiele und wichtige Bemerkungen angeführt, um die praktische Umsetzung zu erleichtern.

Wie schon angesprochen, ist die ErfolgsNAVI-Technik vom Aufbau her genauso konzipiert wie bei einem Navigationsgerät im Auto. Der Ablauf ist sehr ähnlich und ermöglicht es Ihnen, sich an dem Gerät zu orientieren, um die ErfolgsNAVI-Technik in der Praxis einzusetzen.

Hier ein Beispiel, was Sie erwartet:

Oft wird der Prozess der Zielerreichung abgebrochen, wenn auf dem Weg Probleme auftreten. Mit der ErfolgsNAVI-Technik wird Ihnen eine komplett andere Denkweise vermittelt. Es wird immer wieder der Vergleich zu einem Navigationsgerät hergestellt.

Wenn Sie beispielsweise mit Ihrem Auto in einen Stau geraten und ein Navigationsgerät im Einsatz ist, werden Sie nicht Ihr Auto abstellen und die Reise beenden, nur weil es staut. Nein, das Navigationsgerät wird eine neue Route für Sie berechnen, da es immer die Zielerreichung verfolgt.

Genauso werden Sie angehalten, beim Auftauchen von Stolpersteinen, einfach eine andere Route zu planen.

Damit Sie sich die einzelnen Schritte leichter merken, finden Sie nachfolgend eine Gegenüberstellung der Funktionen eines Navigationsgerätes und der einzelnen Schritte der ErfolgsNAVI-Technik:

Navigationsgerät	ErfolgsNAVI-Technik
Ziel eingeben	Ziel finden, definieren
Kartenmaterial für ein bestimmtes Land erweitern	Was wird benötigt, um ein Ziel zu erreichen, welche Voraussetzungen müssen geschaffen werden?
Die Route wird berechnet	Über welchen Weg, welche Schritte, möchten Sie zum Ziel kommen?
Die Fahrt beginnt, bei Umleitungen wird eine neue Route berechnet	Die Fahrt zum Ziel beginnt, die geplante Route wird abgearbeitet, auftretende Hindernisse werden durch eine Umplanung der Route umgangen.
Sie haben Ihr Ziel erreicht	Freude: Das Ziel wurde erreicht. Feiern ist erlaubt. Das Ziel festigen und an das nächste denken steht auf dem Plan.

Am Ende des Buches werden je Kapitel die wichtigsten Schritte noch einmal klar und deutlich angeführt.

Noch ein Tipp, borgen Sie Ihr gedrucktes Buch nicht her, Sie werden es höchst wahrscheinlich nicht mehr zurückbekommen. Es soll auch IHR Arbeitsbuch sein. Ist Ihnen jemand wichtig und Sie möchten dieser Person eine Freude machen, dann schenken Sie einfach ein neues Exemplar.

Und nun geht's los, werden Sie zu Ihrem eigenen ErfolgsNAVI-System.

Die Geschichte von Annas Weg zum Erfolg!

Anna ist 35 Jahre alt und betreibt seit sieben Jahren ein kleines Geschäft mit Geschenkartikeln. Der Kundenkontakt und die Erfüllung auch besonderer Wünsche gaben den Ausschlag dafür, ihr eigenes Geschäft zu eröffnen.

Natürlich war der Start nicht ganz einfach, aber sie hat es mit Fleiß und viel Einsatz geschafft, Stammkunden zu akquirieren und einen akzeptablen Gewinn zu erwirtschaften.

In ihrem Geschäft kann sie ihre Kreativität ausleben. Diese besondere Fähigkeit haben auch ihre Kunden bisher zu schätzen gewusst. Als kleine Unternehmerin muss sie natürlich viel selbst machen. Die Buchhaltung, die Werbung, ihren Internet-Shop und natürlich auch die kreative Auslagengestaltung.

Sie war früher ein lebenslustiger, fröhlicher und motivierter Typ. In den vergangenen Jahren jedoch wurde sie immer ruhiger, ging weniger aus und zog sich zurück. Ihre Firma fordert aufgrund der wachsenden Billig-Konkurrenz all ihre Kräfte. Sie funktioniert nur noch und ist von Freude und Lebenslust weit entfernt. In ihrem Geschäft ist sie das Mädchen für alles. Personal kann sie sich nicht leisten. Sie arbeitet von früh bis spät, um ihren Lebensunterhalt zu erwirtschaften. Jahr für Jahr muss sie mehr Einsatz leisten, jedoch steigt der Gewinn nicht im gleichen Verhältnis. Mit diesem Druck will Sie nicht länger leben.

Ein aufgedrängtes Ziel

In dieser wirtschaftlichen Situation begegnet ihr ein Geschäftsmann, welcher ihr von einem interessanten Zusatzgeschäft erzählt. Sie müsse circa 5 Wochenstunden in das neue Geschäftsmodell investieren und einen kleinen Teil ihres Geschäftes für einen Paketshop entsprechend umgestalten.

Die genannten Zahlen klingen gut und die notwendige Tätigkeit ist mit ihrer derzeitigen zu vereinbaren. Anna überlegt einige Tage, ob sie zusagen soll oder nicht. Anna wäre von sich aus nicht auf die Idee gekommen, als Paketdienstleisterin tätig zu werden. Das zusätzliche Einkommen würde allerdings das Überleben ihres Geschäftes sichern. Sie hat es mit viel Liebe eingerichtet und ihrer Kreativität bei der Dekoration freien Lauf gelassen. Ein bisschen schade findet sie es schon, dass sie einen Teil ihres schönen Geschäftes für den Paketshop umgestalten muss.

Nach reiflicher Überlegung entschließt sich Anna, in Zukunft auch einen Paketdienst anzubieten, da sie diesen in ihrer Situation als einzige akzeptable Möglichkeit sieht und die Vorteile einfach überwiegen.

Sie startet das angepriesene Zusatzgeschäft.

Sofort beginnt sie, Kunden auf ihre neue Serviceleistung hinzuweisen und macht auch ein wenig Umsatz damit. Die anfängliche Euphorie lässt nach einigen Wochen nach. Immer öfter ertappt sie sich dabei, wie sie den neu umgestalteten Bereich missmutig betrachtet. Ihr ist mittlerweile bewusst, dass sie sich mit der neuen Dienstleistung nicht identifizieren kann. Für Anna steht ihre Kreativität im Vordergrund, die durch den neuen Service behindert wird.

Auch sind die kalkulierten Umsätze nicht eingetreten, was die Situation noch weiter verschlimmert.

Warum war es Anna nicht möglich, die angestrebten Umsätze zu erreichen?

Die Antwort liegt auf der Hand, Anna hat nicht *IHR* Ziel verfolgt, vielmehr hat sie sich in ihrer Not von den Gewinnberechnungen blenden lassen. Erst später hat sie erkannt, dass das neue Geschäftsmodell zwar ein gutes ist, aber nicht zu ihr passt.

Da sie sich mit dem Service nie identifizieren konnte, sabotierte sie sich unbewusst selbst. Ihr negatives Gefühl übertrug sich auch auf ihre Kunden, die lieber eine andere Paketstelle aufsuchten. Somit war die neue Geschäftsbeziehung schon von Beginn an zum Scheitern verurteilt. Anna weiß nun, dass sie nur im kreativen Bereich erfolgreich sein kann

> *Meist nimmt man sich Ziele selbst vor, um einer Notlage mit dem geringsten Widerstand zu entrinnen.*
>
> *Von außen aufgedrängte Ziele werden oft übernommen, ohne dass man davon überzeugt ist.*

Beispiel für ein aufgedrängtes Ziel:

Jemand erzählt Ihnen von einer Geschäftsidee und dass Sie viel Geld damit verdienen können. Es werden Ihnen Zahlen genannt, die Sie begeistern und möglicherweise von finanziellen Sorgen befreien. Sie müssen nur Kunden akquirieren und schon bekommen Sie eine saftige Provision. Voll motiviert gehen Sie es sofort an. Nach kurzer Zeit verlieren Sie die Freude an der Sache und möchten keine neuen Kunden akquirieren, Sie können einfach nicht mit den verschiedenen Typen von Menschen umgehen und schon gar nicht mit Absagen. Sie scheitern. Später kommen Sie vielleicht darauf, dass Sie nicht der Typ sind, etwas zu verkaufen, auch wenn dabei viel Geld zu verdienen ist. Es war einfach nicht IHR Ziel, sondern ein aufgedrängtes, welches Sie sich schöngeredet haben. Für einen anderen Typ Mensch ist dieses Ziel vielleicht genau das richtige.

> *Wird Ihnen eine Geschäftsidee vorgestellt, in der Sie Gemeinsamkeiten finden, die Ihren Vorstellungen entsprechen, dann können Sie diese nutzen und daraus Ihr persönliches Ziel definieren.*

Die ErfolgsNAVI-Technik

Anna ist verzweifelt, sie weiß, dass sie den Paketservice langfristig nicht behalten will. Sie weiß aber nicht, was sie tun kann, um zukünftig erfolgreicher zu werden. Sie hat sich auch noch keine Gedanken gemacht, was für sie Erfolg eigentlich bedeutet.

In ihrer Verzweiflung sucht Anna im Internet Hilfe. Sie sucht nach einer Lösung für ihre unangenehme Situation. Da findet sie die Seite **www.erfolgsnavi.at.** Hier wird die revolutionäre ErfolgsNAVI-Technik vorgestellt. Diese Technik verspricht, dass man seine Ziele schneller, sicherer und vor allem nachhaltig erreicht. Sie ist skeptisch und informiert sich ganz genau, worum es geht und natürlich auch, was so ein Workshop kostet, um das ErfolgsNAVI kennenzulernen.

Die verfügbaren Informationen wirken verständlich, seriös und auch der Preis scheint in einem fairen Verhältnis zu stehen. Bisher hat Anna wenige kostenpflichtige Seminare besucht, sie hat immer versucht, kostenlose Seminare im Internet zu finden, um Geld zu sparen. Doch hatte sie mit dieser Vorgangsweise bisher nicht viel Erfolg. So entschließt sie sich, den Wochenend-Workshop zu besuchen und die Kosten in ihre Zukunft zu investieren, in der Hoffnung, dass er mehr bringen wird, als er kostet.

Ihre negative Einstellung, dass andere immer wieder nur an ihr verdienen möchten, hat sie abgelegt. Sie wiegt jetzt Vor- und Nachteile ab

> *Ich möchte nicht, dass andere an mir verdienen*
>
> *Vor vielen Jahren wurde einer Freundin angeboten, den Kredit für ihr Haus auf ein anderes Institut umschulden zu lassen. Es war eine attraktive Aktion. Es lockte damals eine Ersparnis von ca. 80.000,-- Schilling (Zahlungsmittel vor dem Euro). Einzig die Umschuldung hätte 20.000,-- Schilling für Anwaltskosten und weitere Gebühren erfordert. Auch diese hätte sie nicht selbst aufbringen müssen, weil alles auf den Kredit aufgerechnet worden wäre. Ihre Antwort auf dieses Angebot war: „Ich bin doch nicht verrückt und zahle 20.000,-- Schilling für die Umschuldung, das vergönne ich denen nicht"!*
>
> *Dass sie sich insgesamt 60.000,-- Schilling erspart hätte, hat sie komplett ausgeblendet. Damit kein anderer an ihr verdient, verzichtete sie auf einen hohen Gewinn.* **Es hätte ihr mehr gebracht als es gekostet hätte.**

Zu ihrem eigenen Glück hat Anna ihre Denkweise instinktiv verändert und ist sich bewusst, dass es auch einmal notwendig ist, etwas zu investieren, um später den Erfolg ernten zu können.

Anna entschließt sich, ihr Geschäft am Samstag zu schließen, um den Wochenend-Workshop besuchen zu können. An diesen zwei Tagen lernt sie die ErfolgsNAVI-Technik und viele praktische Anwendungs- und Einsatzbeispiele kennen. Und das von der Person, welche die ErfolgsNAVI-Technik entwickelt hat. Was sie sofort angesprochen hat, ist der immer wieder eingebrachte Vergleich mit einem Navigationsgerät im Auto. Es wird ein Ziel eingegeben, zu welchem das Gerät führt. Dem Navi ist es auch egal, um welche Art von Ziel es sich handelt und wo es sich befindet. Ist ein Land nicht eingespeichert, muss natürlich das Kartenmaterial erweitert werden, aber ansonsten verfolgt das Gerät unaufhaltsam sein Ziel. Auch stellen Umleitungen kein Problem dar, es wird einfach eine neue Route berechnet.

Zum Glück hat Anna ein Navigationsgerät im Auto – nun muss sie lächeln, wenn sie es sieht und erinnert sich an den Workshop.

Genau in dieser Art funktioniert die ErfolgsNAVI-Technik. Es klingt einfach, fast zu einfach. Auch sind die eingebrachten praktischen Beispiele immer wieder klar verständlich und auch nachvollziehbar. Es scheint, dass es sich hier um ein wirklich erprobtes und funktionierendes System handelt. Natürlich hat Anna schon einiges über Zielerreichung gelesen und auch ausprobiert, doch bisher hat ihr immer der rote Faden für die praktische Durchführung gefehlt. Den Vergleich mit einem Navigationsgerät im Auto findet Anna daher genial, es ist für sie der bisher fehlende rote Faden. Auch die Vortragstechnik ist für sie bemerkenswert, es wird nicht wie bei vielen anderen Workshops eine kurzfristige Masseneuphorie angestrebt, vielmehr wird darauf geachtet, dass alle eine selbstmotivierende Einsatzmöglichkeit für die Erfolgs-NAVI-Technik finden. Fachausdrücke oder unverständliche Umschreibungen hat sie überhaupt nicht vernommen. Sie ist total begeistert und plant sofort nach den erlernten Vorgaben ihre geschäftliche Zukunft. Sie geht ganz genau nach den fünf Schritten vor und beginnt mit dem ersten, der Zieldefinition.

Kapitel 1 — GEBEN SIE IHR ZIEL EIN

- Geben Sie Ihr Ziel ein!
- Das Kartenmaterial wird erweitert!
- Die Route wird berechnet!
- Die Fahrt beginnt!
- Sie haben Ihr Ziel erreicht!

Anna findet ihr Ziel

Die Zielfindung

Anna hat gelernt, dass sie ihr Leben selbst in die Hand nehmen muss. Sie muss Eigenverantwortung übernehmen. Das tut sie auch, indem sie sich entscheidet, für ihre Ziele nun selbst die Initiative zu ergreifen. Eine Veränderung erfordert Mut. Mut, sich aus einer gewohnten Umgebung zu begeben, sich auf Neues einzulassen und sich einen Herzenswunsch zu erfüllen.

> *Woran erkennen Sie, ob ein gewähltes Ziel wirklich Ihr innigster Wunsch ist? Wenn Sie darüber nachdenken und sich dabei wohl fühlen und wenn es dieses Ziel wert ist, dass Sie 100 Prozent Energie dafür aufwenden möchten, egal was auf Sie zukommt und wie anstrengend auch immer es werden kann, dann haben Sie Ihr wirkliches Ziel gefunden. Wenden Sie weniger als 100 Prozent auf, dann werden Sie auch nur weniger erreichen.*

Anna hat sich diesen Mut im Workshop aufgrund der praxisorientierten Beispiele und Techniken angeeignet. Sie erinnert sich an eine Geschichte, die im Workshop erzählt wurde und die klarmacht, dass uns ein Traumziel, welches nicht erreicht wird, das ganze Leben lang verfolgen kann.

Die Geschichte von nicht erreichten Zielen

Es geschah vor einigen Jahren in einem Seminar. Ein Teilnehmer erzählte, sein Traumberuf sei Lokführer gewesen, er habe jedoch auf Wunsch seines Vaters einen anderen Beruf erlernen müssen. In den Seminarpausen suchte er immer wieder im Internet nach Lokomotiven der verschiedensten Typen. Er kannte alle Bauarten und auch die technischen Details. Ein Profi durch und durch. Seine Erzählungen über den vorher erwähnten Traumberuf rührten ihn zu Tränen. Es schmerzte ihn, seinen Berufswunsch nie ausgelebt zu haben. Er hatte zu einem Wechsel nie den Mut gefunden. Der Mann war über 60 Jahre alt.

Mit der inversen Denktechnik raus aus der Komfortzone

Auch an ihrem Selbstvertrauen arbeitet Anna hart. War sie bisher gewohnt, abzuwägen, ob etwas möglich ist oder nicht, darf sie nun einfach von ihrem Ziel träumen, ohne eine Machbarkeitsstudie zu erstellen. Wie schon erwähnt, ist eine solche Studie bei der Zielfindung kein Thema.

Es überkommen sie auch immer wieder Selbstzweifel. Kann sie das überhaupt schaffen, was sie sich da vornimmt? Wenn sie über ihr Ziel nachdenkt, drängen immer wieder negative Gedanken in den Vordergrund, die sie verunsichern und die positiven verblassen lassen.

> *Ziele müssen hochgesetzt werden und viel Mühe muss zu ihrer Erreichung aufgebracht werden, nur dann sind es für Sie wertvolle Ziele.*

Doch im Workshop wurde sie genau darauf aufmerksam gemacht, was bei der Zielfindung mit den Gedanken passieren wird und wie sie darauf reagieren soll, nämlich das „Inverse Denken" anwenden. Und genau das macht sie auch, sie wendet diese einfache Technik in der Praxis an.

> *Die „Inverse Denktechnik" besagt: Drehen Sie Ihre Denkweise einfach um. Stellen Sie nicht das Negative, sondern vielmehr das Positive in den Vordergrund. Spüren Sie das Glücksgefühl, das das erreichte Ziel bei Ihnen auslöst. Richten Sie Ihren Fokus auf das Schöne, das auf Sie zukommt, und nicht auf mögliche Stolpersteine. Diese Technik wird Sie in vielen Lebenslagen bereichern.*

Bisher war Anna immer ein bequemer Typ. Nicht, dass sie faul wäre, nein, sie hat nur gerne die Bequemlichkeit des Gewohnten genossen. Das bedeutet, dass sie sich kaum aus ihrer gewohnten Umgebung bewegt hat und alles beim Alten geblieben ist.

Auch wenn der Umsatz immer weiter nach unten gegangen ist, hat sie es auf die wirtschaftliche Lage geschoben. Da es bei anderen Geschäftsleuten nicht besser lief, hat sie die Situation akzeptiert.

Nun ist Schluss damit! Im Workshop wurden ihr die Augen geöffnet. Außerhalb ihrer Komfortzone gibt es noch viel Unentdecktes. Über die Grenzen zu schauen und das neue Gebiet zu erforschen, steht jetzt im Vordergrund. Wenn sie die Gedanken um das Thema „Neues entdecken" kreisen lässt, überkommt sie schon ein ungewohntes Gefühl, sie weiß ja nicht, was da auf sie zukommt, jedoch haben diese Gedanken auch ihren Reiz. Und wenn sie nicht versucht, Neues zu erreichen, wird sie nie erfahren, ob es funktioniert hätte.

> *Unbehagen ist das erste Anzeichen, dass Sie sich in ein neues und ungewohntes Gebiet begeben haben. Sie haben Ihre Komfortzone verlassen und sind auf dem Weg, Neues zu entdecken. Sie haben eine spannende Phase vor sich.*

Kapitel 1 **GEBEN SIE IHR ZIEL EIN**

Lernen von den Besten

Sie kauft sich auch einige Bücher von erfolgreichen Menschen, um zu lesen, wie diese es geschafft haben. Idealerweise sind auch einige Biographien dabei. Diese Bücher sind sehr lehrreich, da sie die Wege von erfolgreichen Menschen meist ganz genau – mit allen Tiefen und Höhen – beschreiben. Sie erkennt schnell, dass es für keinen dieser Menschen einfach war, diesen Erfolg zu erreichen. Viele waren ganz unten, ehe sie ganz nach oben gekommen sind. Waren die angestrebten Ziele etwas ganz Neues, wurden sie auch oftmals von der Umwelt verhöhnt und geächtet. Verständlich, die Menschheit ist so eingestellt, dass Neues erstmals skeptisch betrachtet und dann oftmals komplett abgelehnt wird. Erst nach einer mehr oder weniger langen Eingewöhnungsphase wird Neues angenommen. Mit dieser Einstellung mussten sich viele zukunftsorientierte und innovative Menschen immer wieder auseinandersetzen.

> *Ihr Ziel kann natürlich auch etwas sein, was es noch nicht gibt oder noch keiner vor Ihnen gemacht hat. Orientieren Sie sich nicht nur an schon bestehenden Dingen.*

Was Anna ganz besonders überrascht hat, ist die Tatsache, dass erfolgreiche Menschen sehr viel ausprobiert haben, bis sie wirklich erfolgreich waren. Viele Erfindungen haben tausende Versuche benötigt, bis alles so funktioniert hat wie geplant. Auch nach dem Erfolg wurde immer wieder weiter entwickelt. Das zeichnet natürlich diese Gruppe von Menschen aus. Hartnäckigkeit, Durchhaltevermögen und die Fähigkeit, sich von niemandem vom Weg abbringen zu lassen.

> *Wenn Sie zum kleinen Prozentsatz erfolgreicher Menschen gehören möchten, dann müssen Sie sich im Klaren sein, dass unter Umständen viele Versuche notwendig sind. Nehmen wir unsere Kinder als Beispiel. Ein Kleinkind benötigt hunderte bis tausende Versuche, bis es sicher gehen kann. Das nennt man Durchhaltevermögen.*

Auch hat Anna gelesen, dass es wichtig ist, sich mit erfolgreichen Menschen zu umgeben, so wie es auch die ErfolgsNAVI-Technik empfiehlt. Von den Besten lernen ist ein Teil des Erfolges.

Es ist erforderlich, dass sie im ersten Schritt ihr ganz persönliches Ziel definiert. Nichts anderes ist auch bei einem Navigationsgerät zu tun – Anna muss ihr Ziel eingeben. Die Reise zu beginnen, ohne jedoch das Ziel zu kennen, funktioniert auch im Auto nicht.

> *Wer kein eigenes Ziel hat, bekommt unweigerlich Ziele von anderen aufgedrängt.*

Daher denkt Anna darüber nach, was denn ihr WIRKLICHES geschäftliches Ziel ist. Im Workshop hat sie gelernt, dass man sein persönliches Ziel am besten in einer entspannten Umgebung findet. Anna liebt die Natur, deshalb nimmt sie sich eine bequeme Relaxliege, ihr Lieblingsgetränk und macht es sich im hauseigenen Garten bequem.

Zuerst kann sich Anna kaum konzentrieren. Zu viele Gedanken und Sorgen kreisen in ihrem Kopf. Sie nutzt eine ihr bekannte Entspannungstechnik, um sich auf die Zielfindung vorzubereiten. Anna überlegt, was denn ihr wirkliches geschäftliches Ziel ist. Was macht ihr Freude, worin ist sie gut und was passt zu ihren Fähigkeiten? Sie erlaubt es sich, darüber nachzudenken, ob ein eigenes Geschäft für sie tatsächlich das Richtige ist. Seitens der Gefühlsebene soll es am Ende so sein, dass Anna jeden Morgen mit Freude und positiver Erwartung ihrer beruflichen Tätigkeit nachgeht. Um das zu erreichen, nimmt sie sich für diese Entscheidung genug Zeit. Es ist für sie ungewohnt, sich für ein eigenes Ziel Zeit nehmen zu dürfen, da sie bisher immer nur an andere und an den täglichen Geschäftsablauf gedacht hat. Bislang war sie es sich nicht wert, so viel Zeit für sich selbst zu investieren. Doch nun stellt sie ihre Person in den Vordergrund und nimmt sich auch das Recht dazu. Sie achtet bei der Zielfindung nicht darauf, was andere darüber denken, oder ob ihr Wunschziel derzeit möglich ist.

> *Es wird gerne versucht, schon bei der Zielfindung zu entscheiden, ob das Ziel erreichbar ist oder nicht. Diese Vorgangsweise ist jedoch die falsche. Hätten das in der Vergangenheit alle so gemacht, gäbe es keine Erfindungen.*

Früher hat sie immer wieder mit Freunden und Bekannten über ihre Vorhaben gesprochen, um sich abzusichern, ob sie alles richtig macht. Doch wie so oft haben die verschiedenen Rückmeldungen meist nur zu noch mehr Verunsicherung geführt. Nach dem Workshop war ihr auch klar, warum das so ist. Nicht, dass ihre Freunde nicht kompetent genug sind, sie zu beraten, sie haben nur jeweils eine andere Sichtweise, verschiedenste Erfahrungen und Meinungen. Somit kann nicht erwartet werden, eine seriöse Unterstützung zu bekommen.

Anna weiß zum Beispiel, dass ihre Freundin Margot, welche seit über 30 Jahren im selben Betrieb arbeitet, ihr keine fundierten Tipps zum Thema Selbstständigkeit geben kann. Auch fällt es Margot schwer, sich mit dem Thema Selbstständigkeit zu befassen, da sie zu 100 Prozent ein Sicherheitstyp ist und mit der risikoreichen Selbstständigkeit nicht umgehen kann.

> *Viele trauen sich nicht zu, eine Veränderung herbeizuführen, weil sie Angst vor dem Scheitern haben. Da spielen natürlich auch Freunde und Bekannte eine große Rolle. Wie erklärt man es, wenn ein geplantes Ziel nicht im angekündigten Zeitrahmen erreicht wurde? Sie selbst sind verantwortlich, welche Ziele Sie für sich definieren.*

Aber diesen Fehler macht Anna nun nicht mehr und erinnert sich daran, dass sie nur für sich selbst verantwortlich ist und niemandem etwas beweisen muss. Natürlich werden gute Freunde über das Vorhaben weiter informiert. Die verschiedenen Meinungen haben jedoch bei Weitem nicht mehr so viel Gewicht wie früher.

> *Sie sind nur für sich selbst verantwortlich und müssen niemandem Rechenschaft ablegen. Dafür ist der erreichte Erfolg auch ganz allein der ihrige.*

Sie denkt bei der Zielfindung nur an sich und blendet in dieser Phase alles Hinderliche aus. Dazu gehört natürlich auch die private Situation, diese ist bei der geschäftlichen Zielfindung kein Thema. Sie überlegt ganz genau, ob das gefundene Ziel auch ihr Ziel ist, oder ob sie möglicherweise von anderen beeinflusst wurde. Dann würde es sich um ein „aufgedrängtes Ziel" handeln.

Ein kleines Hindernis in der Zielfindung ist, dass Anna mit ihren Gedanken immer wieder in schon bekannte Muster fällt. Sie versucht jedoch kontinuierlich, eine neue Denkweise zu entwickeln.

> *Es gibt eine sensationelle Technik, wie man Altlasten und nicht funktionierende Muster hinter sich lassen kann. NACH VORNE SCHAUEN.*

In Gedanken nimmt ihr Wunschziel nun immer klarere Formen an. Anna weiß bereits, dass sie auch ohne Paketshop ihr Geschäft erfolgreich weiterführen möchte.

Wenn sie aber auch gegen MitbewerberInnen bestehen oder sogar besser sein möchte, dann muss sie einen anderen Weg gehen, nämlich ihren eigenen. Wichtig ist, dass sie nicht denselben Weg einschlägt, den sie schon oft genommen hat, der sie allerdings nicht zum Ziel geführt hat. Gleiches zu versuchen wird auch immer Gleiches bringen. Daher muss sie einen komplett neuen Weg gehen.

> *Wenn Sie immer wieder in die Fußstapfen anderer treten, werden Sie diese nie überholen können und ihr Leben lang in ausgetretenen Wegen hinterher wandern.*

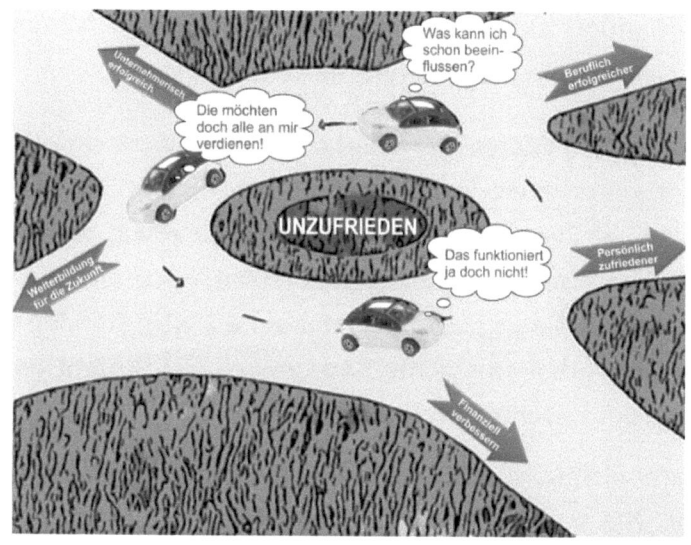

Anna hat nun ihr Ziel definiert

Sie möchte mit etwas weniger Arbeitsstunden mehr Gewinn erwirtschaften und das ohne Paketshop, den sie auflassen möchte.

Schon alleine den Gedanken, „weniger Arbeit – mehr Geld", hat sie sofort mit „unglaublich und unerreichbar" verbunden. Doch Anna ist weiterhin auf dem richtigen Weg und kann damit bereits bestens umgehen.

Mit diesem Wissen im Hinterkopf wird ihr Wunschziel immer klarer. Freie Gedanken und die Erlaubnis, unbeeinflusst ihr Ziel zu definieren, sind schon etwas einmalig Neues. Da sie nun ihr Ziel gefunden hat, notiert sie dieses eindeutig. Darunter ist zu verstehen, wie viele Stunden sie weniger arbeiten möchte und um wie viel Prozent oder Euro der Gewinn gesteigert werden soll.

Ganz wichtig ist auch, bis wann das Ziel erreicht werden soll. Nur wenn alles genau angegeben wird, ist das Ziel auch messbar, und Anna kann kontrollieren, ob sie sich am richtigen Weg befindet und ob sie ihr Ziel erreicht hat.

Zur Verstärkung der Selbstmotivation klebt sie auch Bilder zu ihrer Zieldefinition, um diese auch visuell darzustellen.

Ihren Mehrgewinn möchte sie beispielsweise auch durch eine farbliche Umgestaltung im Geschäft erreichen. Durch die Umgestaltung sollen sich die Kunden wohler fühlen und so länger im Geschäft verweilen. Deshalb hat sie sich ein Foto von einem Geschäft mit ähnlich ansprechender Farbgestaltung eingeklebt, um ihr Ziel immer vor Augen zu sehen. Ihr Ziel hat Anna nun definiert.

Trotz klarer Vorstellung denkt Sie im Hintergrund fast unbewusst ab und zu nach, ob denn ihr Ziel auch erreichbar ist. Sie ist sich bewusst, dass sie daran noch ein wenig arbeiten muss, um diese Gedanken verblassen zu lassen. Aber für den Anfang ist sie recht zufrieden. Hatte sie doch vor dem Workshop große Probleme, ein eigenes Ziel zu finden. Sie hat sich selbst bislang immer wieder in den Hintergrund gestellt, um es anderen recht zu machen. Damit ist jetzt allerdings endgültig Schluss.

> *Finden Sie ihr ganz persönliches Ziel, unabhängig davon, was andere davon halten und ob es zurzeit erreichbar ist. Stellen Sie sich vor, was Ihnen Freude macht und was Sie erfüllt. Fühlen Sie, wie es ist, wenn Sie Ihr Ziel erreicht haben. Blenden Sie in dieser Situation alles Negative aus. Halten Sie Ihr Ziel schriftlich ganz genau fest.*
>
> **Zum Beispiel:**
> *Monatliche Gewinnsteigerung nach einem Jahr um 10 Prozent.*

Mit der Erfahrung und dem Wissen, welche sie in letzter Zeit gesammelt hat, geht Anna zum nächsten Schritt über, sie muss die Voraussetzungen klären, welche notwendig sind, um ihr Ziel auch wirklich erreichen zu können.

> **Sie müssen zu 100 Prozent hinter Ihrer Idee bzw. Ihrem Ziel stehen:**
>
> *Wenn Sie Ihr Ziel oder Ihre Idee definiert haben, überlegen Sie sich, zu wie viel Prozent Sie selbst davon überzeugt sind. Wie sehr Sie dahinter stehen. Wenn bei diesem Test nicht 100 Prozent herauskommen, können Sie es vergessen. Arbeiten Sie so lange daran, bis Sie die 100 Prozent erreicht haben. Wenn Sie selbst nicht komplett überzeugt sind, wie möchten Sie dann Ihre Kunden überzeugen?*

Kapitel 2　　　　　**DAS KARTENMATERIAL WIRD ERWEITERT**

„Nur wer den Sinn seiner Tätigkeit kennt, übt diese auch sinnvoll aus."

Anna schafft die notwendigen Voraussetzungen

Anna hat gelernt, dass sie vor der Reise zum Ziel abklären muss, welche Voraussetzungen sie schaffen muss, um Erfolg zu haben – *„Das Kartenmaterial wird erweitert"*. Das erfordert natürlich eine ganz genaue Vorgangsweise. Sie erinnert sich, dass sie in dieser Phase genauso vorzugehen hat wie vor einer geplanten Urlaubsreise mit dem Auto. Sie muss das notwendige Kartenmaterial in ihr Navigationsgerät laden. Nur dann ist es garantiert, sicher ans Ziel geleitet zu werden.

> *Wenn Sie in ein fremdes Land fahren und sich von Ihrem Navi leiten lassen möchten, dann müssen Sie das Kartenmaterial erweitern, um sicher an Ihr Ziel zu gelangen.*
>
> *Möchten Sie etwas Neues oder Anderes erreichen, dann müssen Sie sich aus Ihrer gewohnten Umgebung hinausbegeben. Auch hier müssen Sie Ihr Kartenmaterial (die Voraussetzungen) dafür schaffen, um zum Ziel geleitet zu werden.*

Der Istzustand wird festgestellt

Vorerst muss Anna den Istzustand feststellen. Sie muss wissen, wo sie sich derzeit befindet, um abzuklären, was ihr noch fehlt, um das Ziel wirklich zu erreichen.

Ein Navigationsgerät hat es hier leichter, es stellt den Standort durch GPS-Daten automatisch fest, Anna muss das selbst tun.

Zuerst listet Anna ihre Umsätze auf und errechnet den daraus resultierenden Gewinn. Hier erkennt sie dann leicht, welche Produktgruppe förderungswürdig ist, welche schon gut konzipiert ist und welche sie möglicherweise aus dem Programm nehmen muss. Sie bemerkt, dass einige ihrer liebgewonnenen Artikel in den Verkaufszahlen leider ganz weit hinten liegen. Doch die von ihr gut aufbereiteten Zahlen zeigen unbeeinflusst die Realität.

Als nächstes erhebt sie alle ihre Fixkosten, um eine mögliche Optimierung vorzunehmen. In dieser Phase muss sie ehrlich zu sich selbst sein. Sie darf nichts auslassen, um die tatsächlichen Kosten zu eruieren. Dabei lässt sie auch die kleinsten Posten wie Handys, Versicherungen oder Geschäftsessen nicht aus. Das hat sie ja alles gelernt. Schon bei dieser Aufstellung zeigt sich, dass sie an einigen Rädchen drehen kann, um die Fixkosten zu senken. Beispielsweise kann sie zu einem günstigeren Mobilfunkanbieter wechseln. Auch die Versicherung, die sie schon jahrelang bezahlt, kann sie möglicherweise bei einem anderen Anbieter günstiger abschließen. Weniger Ausgaben bedeuten ja bekanntlich mehr Gewinn.

> *Fehler, die bei der Aufstellung von Fixkosten passieren können:*
>
> *Bei einem Coaching in einer Firma wurde der Geschäftsführer bei der Erstellung einer Fixkostenliste nach seinen einzelnen Ausgabeposten gefragt. Bereitwillig gab er zum Beispiel die Miete, Strom, Gas, Auto etc.. Auf die Frage, wie es mit den Handys aussieht, schwächte er diesen Punkt ab, weil diese nur einen ganz kleinen Betrag ausmachten. Bei den Versicherungen war es ebenso. Er hatte ja einen verlässlichen Versicherungsberater und der habe ihm schon das beste Angebot gemacht. Geschäftsessen kommentierte er ebenfalls mit den Worten: „Das macht nicht viel aus." Die Posten wurden trotzdem in die Liste aufgenommen und siehe da, die Versicherung war überteuert, die Handyverträge ebenso und die günstigen Geschäftsessen machten einen stattlichen Betrag aus. Nach einer Optimierungsphase wurden monatlich mehr als 300,-- Euro alleine bei den Fixkosten eingespart.*

Da Anna nun objektiv alle notwendigen Zahlen kennt, kann sie sich zu guter Letzt ihren Stärken widmen. Eine Gewinnsteigerung erfordert eine gute Analyse von Annas besonderen Fähigkeiten, um damit Kunden zu mehr Umsatz zu bewegen und so auch den Gewinn zu steigern. Zu Beginn ist es für Anna gar nicht so einfach, ihre Stärken und die Besonderheiten ihres Geschäfts herauszufinden. Ihre Bescheidenheit macht es ihr schwer, etwas Besonderes an sich zu finden. Doch mit dieser Einstellung ist sie nicht alleine. Es geht vielen so, die Bescheidenheit verhindert oft, seine Stärken zu finden. Doch Anna hat einen Joker, ihre Erinnerung an den ErfolgsNAVI-Workshop. Daher beginnt sie damit, alle ihre beruflichen und persönlichen Fähigkeiten zu notieren. Denn Anna hat erfahren, dass berufliche und persönliche Fähigkeiten nicht trennbar sind.

Viele ihrer Fähigkeiten sind für sie selbstverständlich und nichts Besonderes. Doch im Workshop wurde sie bestens auf diesen Punkt vorbereitet. Sie macht das ganz genau und denkt nach, wofür sie ihre Kunden, Freunde und Bekannten gelobt haben, was sie erlernt hat und was sie nach ihrem Gefühl besonders gut kann. Sie spricht mit Freunden und Bekannten, um auch von anderen Informationen über vielleicht von ihr gar nicht wahrgenommene Stärken zu erfahren.

> *Um Ihre besonderen Fähigkeiten herauszufinden, denken Sie darüber nach, was Ihre Kunden, Freunde oder Bekannten an Ihnen lieben oder positiv erwähnen. Fragen Sie gute Freunde, welche Stärken sie an Ihnen erkennen. Ein Blick von außen hilft. Denken Sie darüber nach, welche Seminare, Schulungen oder Abschlüsse Sie gemacht haben. Notieren Sie alles, um eine attraktive Aufstellung zu erhalten.*

Zu ihrer eigenen Überraschung erkennt Anna viele Fähigkeiten, die ihr geschäftlich sicherlich helfen werden. Danach überlegt sie, welche ihrer Fähigkeiten und Talente sie in ihrem Geschäft vermehrt einsetzen kann.

Die notwendigen Voraussetzungen

Nun beginnt Anna abzuklären, welche Voraussetzungen ihr neues Ziel, mehr Gewinn mit weniger Arbeitsaufwand zu erwirtschaften, erfordert. Sie erstellt eine Liste mit allen Möglichkeiten und Gedanken, die wie folgt aussieht:

- Welche ihrer einmaligen Fähigkeiten sind nützlich, um Kunden zu motivieren, bei ihr zu kaufen?
- Sind die Öffnungszeiten in Ordnung?
- Warum sollen Kunden überhaupt bei ihr kaufen?
- Was unterscheidet sie von Mitbewerbern?
- Muss sie sich persönlich weiterbilden oder Wissen aneignen?
- Benötigt sie neue oder andere Produkte?
- Muss im Geschäftslokal etwas verändert werden?
- Sind andere oder neue Werbeaktionen notwendig?
- Ist eine Markterhebung notwendig?
- Muss etwas auf der Webseite verändert werden?
- Werden zusätzlich finanzielle Mittel benötigt?
- Können Ressourcen von anderen mitverwendet werden?
- Weitere hilfreiche Themen im Internet recherchieren.
- Beleuchtung?
- Ist der Firmenname aussagekräftig?

Aus dieser Liste filtert sie nun jene Punkte heraus, welche zu mehr Gewinn und damit verbunden zu weniger Arbeitsaufwand führen können. Sie muss sich ja von Mitbewerbern unterscheiden, obwohl sie gleichartige oder ähnliche Produkte hat. Diese Feinheit gilt es nun im nächsten Punkt in Angriff zu nehmen.

> *Sie müssen sich von Mitbewerbern differenzieren.*

Ein Beispiel, wie sich Gleiches doch unterscheiden kann:

Stellen Sie sich vor, auf einem riesigen Parkplatz stehen 100 gleiche Autos. Gleiche Type, gleiche Farbe, gleiche Ausstattung und gleicher Preis. Alle haben eine Produktbeschreibung in der Windschutzscheibe, unter anderem mit folgendem Text:

- *110 PS*
- *Geringer Verbrauch*
- *Klima*
- *8-fach bereift*

Ein einziges Auto hat zusätzlich zum Text der anderen folgende Punkte:

- **Verbrauch NUR 5 Liter Diesel auf 100km**
- *2-Zonen-Klima*
- **Winter- und Sommerreifen auf Felgen**

Für welches Auto würden Sie sich näher interessieren?

Genau so funktioniert es in vielen Bereichen. Sie müssen sich von der Masse abheben, auch wenn Sie Ähnliches anbieten. Etwas anders beschreiben, Wichtiges hervorheben und da-

mit Aufmerksamkeit erwecken ist der Schlüssel zur Unterscheidung und in der Folge zum Erfolg.

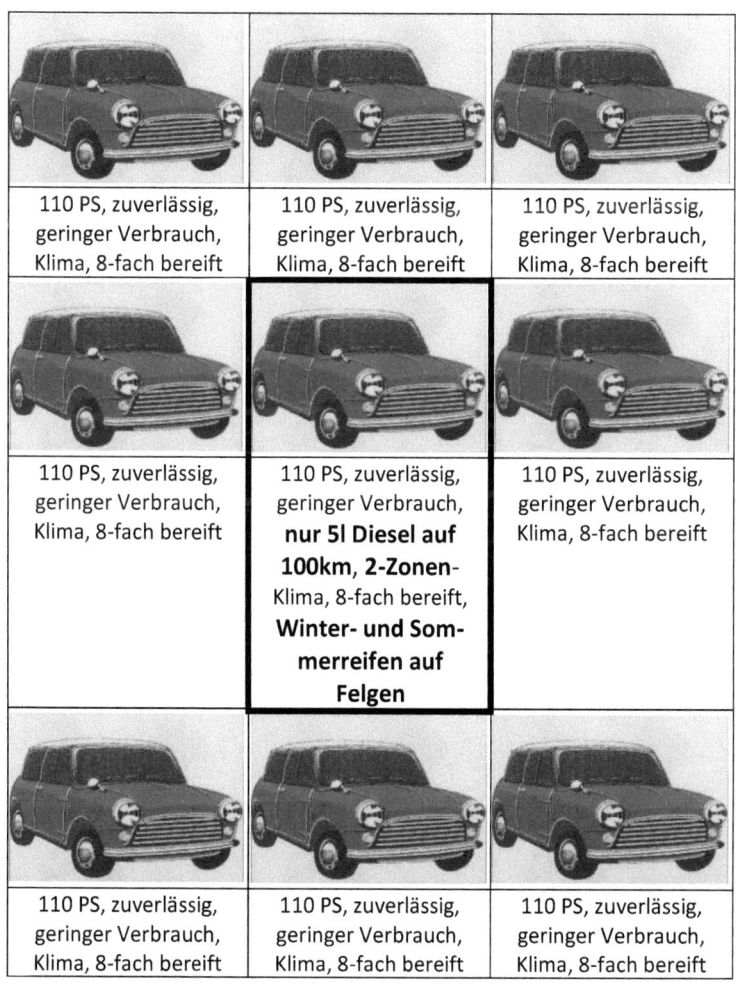

Die gefilterte Liste sieht bei Anna nun so aus:

- Welche ihrer einmaligen Fähigkeiten sind nützlich, um Kunden zu überzeugen, bei ihr zu kaufen? **Diese mehr hervorheben.**
- Was unterscheidet sie von Konkurrenten? **Hervorheben.**
- Benötigt sie neue oder andere Produkte? **Produktbereinigung durchführen.**
- Muss im Geschäftslokal etwas verändert werden? **Freundlicher gestalten.**
- Sind andere oder neue Werbeaktionen notwendig? **Ja.**
- Muss etwas auf der Webseite verändert werden? **Neugestaltung des Geschäftes bekanntgeben.**
- Werden zusätzlich finanzielle Mittel benötigt? **Ja, für Geschäfts-Neugestaltung und Werbung.**
- Weitere hilfreiche Themen im Internet recherchieren? **Weitere Ideen finden.**

Sie erstellt nun ihre persönliche TO-DO-Liste.

Natürlich wird jeder angeführte Punkt noch ganz genau beschrieben und auch definiert, was Schritt für Schritt zu tun ist.

Sie muss die erstellte TO-DO-Liste in der Folge in die Routenplanung übernehmen, um die Route (den gewünschten Weg zum Ziel) planen zu können.

Zum ersten Mal hat sie das Gefühl, nach einem funktionierenden Plan vorzugehen. Sie ist selbstsicher und trotz der schwachen Wirtschaftslage überzeugt, eine der wenigen zu sein, die auch in dieser Zeit ihren Gewinn steigern können. Sie möchte sich einfach von Mitbewerbern unterscheiden. Auch macht sie sich nichts daraus, wenn sie von Geschäftspartnern hört, dass es bei allen nicht besonders gut läuft. Sie geht ihren eigenen Weg und das ist gut so. In aller Ruhe überdenkt sie ihr Ziel und überprüft, ob sie von dem, was sie geplant hat, zu 100 Prozent überzeugt ist und voll und ganz dahintersteht.

Da sie nun alle Voraussetzungen definiert hat, kann sie den nächsten Schritt in Angriff nehmen, die Route planen.

Kapitel 3 **DIE ROUTE WIRD BERECHNET**

„Nur wer seine Route zum Ziel genau plant, wird wie von einem Navigationsgerät dorthin geführt."

Die Routenplanung

Nachdem Anna nun alles perfekt geplant hat, geht sie dazu über, den zeitlichen und organisatorischen Ablauf zu ihrem Ziel zu planen – *„Die Route wird berechnet"*.

In der Phase der Routenplanung trägt Anna jene Punkte ein, die sie zur Zielerreichung erledigen muss. Auch in diesem Punkt unterscheidet sich die ErfolgsNAVI-Technik kaum von einem Navi im Auto. Dieses berechnet ebenso vor der Fahrt die Route.

Als Erstes informiert Anna ihr engeres Umfeld über ihre Pläne und Veränderungen. Dies macht sie aus gutem Grund. Es werden sich ihr Rhythmus, ihre Ansichten und möglicherweise auch ihre Ausstrahlung verändern. Die neue Vorgangsweise wird ihre Wirkung zeigen. Ist das Umfeld nicht informiert, wird es die Veränderungen nicht verstehen und unter Umständen entstehen dadurch Missverständnisse. Diese möchte Anna natürlich vermeiden. Viele können mit unerwarteter Selbstsicherheit und Beharrlichkeit, etwas zu verändern, nicht von Beginn an umgehen.

Die schnellere oder langsamere Route?

Anna ist bestrebt, schnellstmöglich erfolgreich zu werden. Sie hat im Workshop auch gehört, dass gut geplant werden muss, welcher Weg genommen wird. Alle zu erledigenden Aufgaben können ja auf unterschiedliche Art erfüllt werden. Der schnellste Weg muss nicht immer der erfolgreichste sein. In langsamerem Tempo kann Anna eventuell mehr lernen, sich mit der neuen Situation besser anfreunden und sich an Neues gewöhnen. Wer sich zu schnell verändert, ist unter Umständen damit überfordert und wird sein Ziel nicht erreichen.

Auch hier ist der Vergleich mit einer Autofahrt hilfreich. Ein Urlaubsziel kann beispielsweise über die schnelle Autobahn oder auch über die etwas langsamere, aber vom Ausblick wesentlich schönere Bundesstraße erreicht werden.

> *Zu schnelle Veränderungen können sich negativ auswirken.*
>
> Denken wir nur an sogenannte Popstars. Durch ein Casting oder einfach durch Zufall über Nacht zum Star geworden, in Kürze wieder tief gefallen. Solche Geschichten gibt es viele. Natürlich gibt es auch einige, die sich längere Zeit oben gehalten haben. Was ist so gefährlich daran, schnell nach oben zu kommen? Die Antwort liegt in der Gewöhnungsphase. Wenn etwas schnell kommt, müssen wir uns schnell auf die Situation einstellen. Das erfordert mentale Stärke, eine starke Persönlichkeit und Übersicht über die betreffende Situation. Sogenannte Popsternchen haben das meist nicht. Sie werden mit der neuen Situation nicht fertig. Sie sind mit den vielen Terminen überfordert und können mit dem neuen Leben nicht umgehen. Allzu schneller Reichtum ist nicht zu bewältigen. Sie zerbrechen oft daran. Was langsam aufgebaut wird, ist meist beständiger und stabiler.

Anna beginnt die einzelnen Schritte festzulegen. Sie definiert genau die Reihenfolge, in der die einzelnen Aufgaben gelöst oder durchgeführt werden müssen und erstellt eine Liste. Alle Positionen in der Liste sind mit einer Datumsangabe versehen, um den Zeitplan überwachen zu können.

Ebenfalls in dieser Liste definiert sie sogenannte Zwischenziele, um überprüfen zu können, ob sie sich im Zeitplan, sprich auf dem richtigen Weg, befindet. Ein Zwischenziel ist auch eine kleine Etappe, die, wenn sie erreicht wurde, die Vorfreude auf das endgültige Ziel steigert.

> *Setzen Sie sich auf Ihrer Reise zum Ziel Zwischenziele, um überprüfen zu können, ob Sie sich am richtigen Weg und auch im Zeitrahmen befinden. Denken Sie an eine Urlaubsreise. Auch hier macht man öfter gezielt Rast und freut sich, wenn es zum Urlaubsort nach der Pause nicht mehr so weit ist.*

Bei der Routenplanung muss auch auf andere geachtet werden. Vieles ist nicht alleine zu schaffen, es wird mit Partnern zusammengearbeitet oder es werden externe Firmen benötigt. Diese müssen natürlich ebenfalls eingebunden werden. Daher sind auch innerhalb der Routenplanung klärende und verbindliche Gespräche im Vorfeld notwendig. Es muss abgeklärt werden, welche Möglichkeiten die Partner haben, bei der Zielerreichung zu unterstützen.

> *Verlangen Sie von anderen nichts, was Sie selbst nicht machen würden. Fairplay ist eine Grundvoraussetzung für eine erfolgreiche Zusammenarbeit.*

Anna ist schon ein wenig stolz auf sich, sie hat drei von fünf Schritten erledigt und bemerkt, dass es eigentlich nicht so schwer war, wie sie es sich vorgestellt hat. Im Zweifelsfall kann sie ja immer wieder auf die ErfolgsNAVI-Technik zurückgreifen. Im Workshop hat sie ein hilfreiches Ablaufdiagramm erhalten, welches sie bei der Planung und notwendigen Routenänderungen unterstützt.

Kapitel 4 — DIE FAHRT BEGINNT

„Wer die Fahrt zum Ziel nicht beginnt, wird nie erfahren, wie aufregend und erfüllend diese sein kann."

Anna beginnt die Fahrt zum Ziel

Theoretisch weiß Anna nun, wo es hingehen soll. Sie hat alles wie vorgesehen geplant und jetzt muss sie die Fahrt auch wirklich beginnen.

Die Liste in der Routenplanung ist gefüllt. Jetzt steht nur noch an, die einzelnen Schritte in die Liste der Fahrt zu übernehmen und zu erledigen.

In der Planungsphase hat sich noch nichts für Anna geändert, doch jetzt geht die Fahrt zum Ziel wirklich los.

Annas Gedanken kreisen in ihrem Kopf. Sie spürt schon das Kribbeln im Bauch, sie denkt, was wird mich da wohl erwarten? Ohne nun von der Theorie in die Praxis zu wechseln, wird sie nie erfahren, wie schön die Reise und das Erfolgserlebnis der Zielerreichung sein können. Theoretiker gibt es viele, Praktiker meist wenige.

Anna möchte zu den Wenigen gehören, die ihre Ziele wirklich erreichen, und Geplantes in die Praxis umsetzen.

Sie dreht in Gedanken den Startschlüssel um und beginnt die Fahrt zum Ziel.

> *Viele Menschen setzen sich Ziele, nur wenige beginnen auch damit, die Erreichung zu versuchen. Heben Sie sich von der Masse ab und starten auch Sie Ihren Versuch. Ausreden, um nicht mit der Zielerreichung beginnen zu müssen, zeigen nur, dass Sie nicht voll und ganz hinter Ihrem Ziel stehen.*

Zur Selbstmotivation spricht sie jeden Tag Ihre Ziele laut aus und betrachtet voller Freude die zu Beginn ausgewählten Bilder. Sie weiß, lautes Lesen und Gehörtes dringt wesentlich besser ins Unterbewusstsein ein als bloß Gedachtes.

> *Lesen und sprechen Sie Ihre Ziele jeden Tag laut und unterstreichen Sie diese wenn möglich mit dazu passenden Bildern.*

Das Ziel fokussieren

Etwas Ungewöhnliches ist ihr allerdings schon jetzt aufgefallen. Seit Anna sich mit ihrem Ziel beschäftigt, sieht sie im Alltag immer mehr, was sie bei der Zielerreichung unterstützen kann. Beispielsweise möchte sie ja ihr Geschäftslokal farblich anders gestalten. Es soll kundenfreundlicher werden. In der Vergangenheit hat sie über verschiedene Aussagen erfahren, dass die derzeitige Farbe ungemütlich und nicht einladend wirkt. Seit sie sich mit diesem Thema beschäftigt, schaut sie sich bewusster andere Geschäfte an, achtet mehr auf die Farbgestaltung und beobachtet das Kundenverhalten. Sie hat ihr Ziel bestens fokussiert und daher ihre Aufmerksamkeit den für sie wichtigen Dingen gewidmet. Die sogenannte „Selektive Wahrnehmung" setzt ein.

Sie ist offener für alles, das sie bei der Zielerreichung unterstützt. Immer wieder versucht sie Hilfreiches und Positives für ihre Zielerreichung aufzunehmen.

> **Beispiel zum Thema Fokussieren/ selektive Wahrnehmung**
>
> *Stellen Sie sich vor, Sie kaufen ein rotes Auto. Ab diesem Zeitpunkt werden Sie auf der Straße viel mehr rote Autos bemerken als vorher. Ihr Fokus hat sich auf diese Farbe gerichtet. Ebenso funktioniert es bei der Zielerreichung. Wenn Sie Ihr Ziel fokussieren, sich voll und ganz auf Ihr Ziel konzentrieren, werden Sie viel mehr entdecken, was Sie bei der Zielerreichung unterstützen kann. Ihre Sichtweise wird sich komplett verändern und Sie unterstützen. Sie werden staunen, wie viel hilfreiche Informationen und Unterstützungen auf Sie zukommen werden.*

Natürlich kommen gerade in der Phase der aktiven Reise immer wieder Selbstzweifel auf, ob der nächste Schritt auch funktionieren wird. Doch Anna nimmt das mit dem Fokussieren sehr genau und bleibt stets positiv eingestellt.

Sie weiß, wenn sie das Negative in den Vordergrund stellt, wird es auch eintreffen.

> *Denken Sie stets daran, dass Sie Ihr Ziel erreichen werden. Geben Sie negativen Gedanken keine Chance.*

Die selbsterfüllende Prophezeiung

Herbert steht in der Früh schon mürrisch und demotiviert auf. Schlechtes Wetter verstärkt seinen Gemütszustand. Er denkt: „Das wird ein mieser Tag." Auch im Büro läuft es dann nicht besonders gut. Nur Probleme, unfreundliche Kollegen und es regnet auch noch. Zu guter Letzt bittet der Chef auch noch wegen eines Problems zum Vier-Augen-Gespräch. Mehr kann wohl an diesem Tag nicht schiefgehen, denkt Herbert. Wieder zu Hause angelangt, geht es in dieser negativen Art weiter. Privat kommt es ebenfalls zu unangenehmen Diskussionen und somit ist der ganze Tag zu vergessen. Wieder im Bett angelangt, denkt Herbert: „Ich hab's ja gewusst, das wird ein mieser Tag." Ist Herbert ein Hellseher? Nein, Herbert hat seinen Fokus auf Negatives eingestellt und somit hat er nur Negatives erlebt. Man nennt diesen Zustand auch „die selbsterfüllende Prophezeiung". Drehen Sie daher Ihre Sichtweise um (inverse Denktechnik) und fokussieren Sie Positives. Zum Beispiel freuen Sie sich darauf, ein Problem zu lösen. Sprechen Sie mit Kunden oder Lieferanten, um etwas endgültig zu klären. Freuen Sie sich, dass es auch mal regnet, danach ist die Luft erfrischend und die Pflanzenwelt strahlt Ihnen entgegen.

Nicht mit Leidgenossen zusammenschließen

Die folgende Altlast hat Anna nach dem ErfolgsNAVI-Workshop schnell abgelegt.

Vor einiger Zeit hat Anna bei Misserfolgen viele Ausreden gefunden und auch einige Schuldige, die für ihre Situation verantwortlich waren. Sie selbst war nie oder nur zu einem geringen Teil für den Misserfolg verantwortlich.

Sie hat sich auch gerne mit Gleichgesinnten zusammengeschlossen. In der Gruppe jammern und leiden war doch schöner als Verantwortung zu übernehmen. Nur hat sie nicht bemerkt, dass ihr das Gruppenleiden nicht geholfen hat.

Das Gefühl, von anderen verstanden zu werden, war zwar sehr angenehm, hat aber an der Situation nichts verändert.

> *Wer ständig jammert und leidet hat keine Zeit, sich um Produktives zu kümmern.*

Jetzt sieht es Anna ganz anders. Sie übernimmt für ihr Tun zu 100 Prozent Verantwortung, weil sie mehr erreichen möchte. Statt ihre Misserfolge zu besprechen, erzählt sie nur noch von ihren kleinen und großen Erfolgen.

> *In der Gruppe leiden bringt Sie keinen Schritt näher an Ihre Ziele.*
>
> *Natürlich ist es ein gutes Gefühl, wenn jemand für eine unangenehme Situation Verständnis zeigt. Nur werden Sie dadurch keinen Schritt näher an Ihr Ziel kommen. Vielmehr werden Sie sich an das Leiden gewöhnen und wenig bis keine Initiative ergreifen, etwas zum Positiven zu verändern. Ein aktuelles Medium für solche Leidensgruppen ist das Internet. In den verschiedensten Sozialen Netzwerken finden sich immer wieder Postings, in denen jemand sein Leid klagt und dazu hunderte Likes beziehungsweise tröstende Meldungen bekommt. Als Reaktion klagen dann andere auch ihr Leid. Ist dieser Trost echt? Leider nein, viele kennen einander nicht persönlich. Es entspricht nicht dem echten Leben. Es ist eine Scheinwelt. In der richtigen Welt müssen Sie Ihre Probleme selbst lösen. Und wenn Sie dabei echte Freunde unterstützen, wird es um ein Vielfaches leichter. Nicht mitleiden, vielmehr unterstützen ist die Devise. Investieren Sie die Energie in Ihren Erfolg.*

Da Anna selbstverantwortlich handelt, ist sie auch für Misserfolg verantwortlich und keinem zur Rechenschaft verpflichtet. Doch auch kleine Rückschläge bringen Anna nicht aus der Ruhe. Auch wenn es lächerlich klingt, auch aus Negativem kann gelernt werden. Eines ist klar, zum Zeitpunkt des Misserfolgs wird diese Erkenntnis nicht sehr positiv wirken, jedoch mit ein wenig Abstand und einer Analyse kann doch etwas Positives gefunden werden. Fehler, die gemacht wurden, werden in Zukunft nicht mehr passieren und somit werden die Erfolgschancen für den nächsten Versuch erhöht.

> *Verwenden Sie nicht zu viel Zeit, um sich an Vergangenes – was Sie anders gemacht hätten – zu klammern. Vergangenes ist nicht mehr zu ändern. Investieren Sie Ihre Kraft in die Gegenwart und Zukunft, die sind veränderbar und steuerbar.*

Anna muss nun nur noch den Startschuss geben und los geht die Reise. Ähnlich wie im Auto, indem sie den Startschlüssel umdreht, beginnt sie nun die einzelnen Schritte aus der Routenplanung zu erledigen. Die Aufgaben aus der Routenplanung werden in die Liste der Fahrt übernommen. Das bedeutet, sie nimmt den ersten Punkt aus der Routenplanung und überträgt ihn in die „Liste der Fahrt". Diesen Eintrag muss sie nun erledigen, bevor sie den nächsten Punkt übernimmt. In Ausnahmefällen können mehrere Punkte parallel in der Liste abgearbeitet werden, aber nur dann, wenn diese nicht voneinander abhängig sind und es die körperliche und geistige Kapazität zulässt.

Beispiel für den Listenübertrag:

3. ROUTE - WEG ZUM ZIEL MIT ZWISCHENZIELEN PLANEN			
Erl.	Schritt	Datum bis wann	Zusatz
☒	Druckerei (mit genauen Angaben, was vorbereitet u. geliefert werden muss)	xx.xx.xxxx	
☒	Aussendung bzw. Verteilung starten	xx.xx.xxxx	
☐	Malerei (mit genauer Definition)…	xx.xx.xxxx	
	Zwischenziel, alles weiter oben muss bis Datum xx.xx.xxxx erledigt sein	xx.xx.xxxx	
4. DIE FAHRT - DIE REISE ZUM ZIEL BEGINNT			
Im Plan	Ablaufkontrolle – Routenänderung	Datum bis wann	Zusatz
☒	Druckerei liefert	xx.xx.xxxx	
☐	Aussendung bzw. Verteilung starten **Platz für Änderungen und Verschiebungen**.	xx.xx.xxxx	

Warum ist es notwendig, einzelne Punkte in die „Liste der Fahrt" zu übernehmen?

Ergeben sich beispielsweise bei einem Thema Änderungen oder muss etwas verschoben werden, dann haben Sie hier Platz, diese einzutragen und zu dokumentieren.

Anna ist klar, dass nicht alles reibungslos ablaufen wird. Sie findet einige Einträge, bei denen sie von anderen abhängig ist. Wenn sich diese nicht an ihren vorgegebenen Zeitplan halten, muss Anna eine Änderung vornehmen. Das stellt aber nach dem Workshop-Besuch kein Problem dar.

Nachfolgend ein Beispiel für Unvorhergesehenes:

Ein wichtiger Gesprächstermin wird verschoben. Anna notiert nun in der „Liste der Fahrt", was sich bis wann verändert und überprüft, ob diese Veränderung eine Auswirkung auf nachfolgende Punkte in der Routenplanung hat. Falls „ja", muss sie auch hier eine Zeitveränderung vornehmen, wenn „nein", bleiben diese unverändert. So einfach ist die Liste zu bearbeiten.

Die Route wird neu berechnet

Nachdem der erste Punkt in der „Liste der Fahrt" problemlos erledigt wurde, ist Anna erleichtert und erfreut zugleich. „Es funktioniert", ist ihr erster Gedanke. Voller Tatendrang widmet sie sich dem nächsten Punkt. Sie überträgt ihn von der Routenplanung in die „Liste der Fahrt" und beginnt diesen zu erledigen.

Beim zweiten Punkt ihrer Liste, der Werbemittelverteilung, zeigen sich schon einige Probleme. Es funktioniert nicht so, wie es sich Anna vorgestellt und auch in ihrer Liste definiert hat. Ihre Planung war in Ordnung, nur haben die notwendigen Partner versagt. Versprochenes wurde nicht so wie vereinbart gehalten. Für Anna ist das aber kein Problem. Sie ist sich bewusst, dass so etwas passieren kann und dass die sogenannten Stolpersteine sicher kommen werden.

Früher wäre sie überrascht gewesen und hätte höchstwahrscheinlich aufgegeben. Nach dem erfolgreichen Workshop jedoch hat sie fast schon darauf gewartet, um sich dieser Herausforderung zu stellen. Sie wendet einfach die „Na dann Technik" an.

> *Die „Na dann Technik" ist simpel und einfach zugleich. Erstarren Sie nicht wie die Maus vor der Schlange. Geht es nicht mehr weiter, „NA DANN" finden Sie einen anderen Weg. Auf keinen Fall aufgeben.*

Anna überlegt sich eine sogenannte Routenänderung. Die Route muss aufgrund nicht einzuplanender Hindernisse neu berechnet werden. Was ihr dabei wieder hilft ist ihr Navigationsgerät im Auto, das ja ähnlich wie die Erfolgs-NAVI-Technik funktioniert. Wenn eine Route geplant wurde und es beispielsweise aufgrund einer Baustelle nicht weitergeht, „na dann" berechnet das Navi-Gerät eine neue Route, ohne Wenn und Aber. Genau so macht es Anna mit dem noch nicht erledigten Punkt in ihrer „Liste der Fahrt".

> **Die Route wird neu berechnet**
>
> *Wenn Sie sich von Ihrem Navi leiten lassen und auf eine Baustelle treffen, müssen Sie zwangsweise von der vorgeschlagenen Route abweichen. Sie werden sicherlich nicht Ihr Auto stehen lassen und sagen: „Hier geht es nicht weiter!" und aufgeben, oder? Genau so müssen Sie sich bei der Reise zu Ihrem Ziel verhalten. Geht es nicht weiter, „na dann" planen Sie eine neue Route zum Ziel.*

Sie überlegt sich einen neuen oder nur ein wenig anderen Weg zum Ziel. Dieser eine Punkt macht es Anna nicht leicht. Sie muss aufgrund weiterer Probleme die Route neuerlich umplanen. Es ist ein harter Weg und da ist natürlich Durchhaltevermögen gefragt. Anna ist aber so von ihrem Vorhaben überzeugt, dass sie weiterhin ihr Ziel vor Augen sieht und unbeeindruckt auch diesen Punkt löst.

> *Halten Sie sich ungeachtet der Stolpersteine Ihr Ziel vor Augen und verfolgen Sie dieses unaufhaltsam. Auch wenn Sie es nicht sehen, es ist da. Wenn Sie in Urlaub fahren, müssen Sie bei einem Unfall oder Stau auch eine andere Route wählen und es kann länger dauern, bis Sie ans Ziel kommen, aber Ihr Urlaubsort ist da, auch wenn Sie ihn nicht sehen.*

Zum Glück hat Anna viele Freunde, die felsenfest hinter ihr stehen und ihr auch in dieser Zeit Mut machen. Instinktiv umgibt sich Anna nur noch mit Menschen, die ihr positiv gesinnt sind und nicht mehr mit negativ Denkenden oder auch Neidern.

> *Verbringen Sie Zeit mit positiv denkenden Menschen. Versuchen Sie nicht, negative Menschen von Ihrem Vorhaben zu überzeugen oder sich mit Neidern zu umgeben. Das kostet nur Kraft und bringt Sie keinen Schritt weiter. Auch haben die sogenannten Neider meist selbst nie einen Schritt aus ihrer gewohnten Umgebung gewagt und auch nie ein größeres Ziel erreicht. Diese Menschen wünschen sich nur, dass andere genauso wenig haben wie sie.*

Natürlich kommen immer wieder kleinere Herausforderungen auf Anna zu, diese klärt sie jedoch sofort.

Früher hat sie solche Probleme immer wieder aufgeschoben. Sie hat solange gewartet und gezögert, bis sich die Probleme zu einer großen Hürde entwickelt hatten. Sie hatte nicht den Mut, dem entgegenzutreten. Jetzt weiß sie, dass es oft nicht so schlimm ist, wie man es sich vorstellt. Meist lösen sich solche Probleme fast von alleine.

> *Kleine Steine sind einfacher wegzuräumen als große Felsen*
>
> *Unangenehmes wird gerne aufgeschoben. Beispielsweise ein klärender Anruf bei einem Amt oder einer Bank. Oft wird tagelang gewartet und im Kopf werden die schlimmsten Versionen, wie denn das Gespräch ausgehen kann, gewälzt. Tagelanges Zittern und damit verbundenes Leiden. Das muss nicht sein. In den meisten Fällen endet ein solches Gespräch positiv. Daher gehen Sie solche Probleme sofort an. Sie können sich ausdenken, was Sie möchten, es wird doch anders kommen. Wenn Sie jedoch viel zu lange warten und dann eine Frist versäumen, kann es unnötigerweise zu einem echten Problem bzw. einem Felsen werden. Reden ist immer besser als Schweigen.*

Außerdem ist Anna bestrebt, ihr Leben selbst zu steuern, das bedeutet, zu agieren anstatt zu reagieren. Auf diese Art kann sie entscheiden, wohin es geht, und sie muss nicht Vorgegebenes in Ihre Wunschrichtung lenken, was um ein Vielfaches schwerer ist.

Ein positiver Nebeneffekt: Sie benötigt weniger Energie und es macht auch mehr Freude, zu entscheiden, wo es hingehen soll.

Kapitel 4 — DIE FAHRT BEGINNT

> *Übernehmen Sie die Verantwortung für die Fahrt und entscheiden Sie, wo es hingeht, agieren Sie. Wenn Sie das nicht tun, werden Sie gesteuert und müssen auf jede Situation reagieren, was viel mehr Energieaufwand bedeutet. Das kann in der Folge zu überhöhtem Stress bis hin zum Burnout führen.*

Auch eine Pause muss mal sein

Nachdem Anna einige ihrer notwendigen Schritte positiv erledigt hat, zeigen sich erste Anzeichen von Demotivation und Energielosigkeit. Annas Antriebsstärke lässt nach und sie fühlt sich ein wenig müde. Die nächsten Schritte zu erledigen, fällt ihr schwer und sie bemerkt, dass sie nicht mehr zu 100 Prozent einsatzbereit ist.

Was ist passiert?

Etwas Menschliches, was allen von Zeit zu Zeit passiert. Wir sind alle nur Menschen und haben einen bestimmten Energievorrat. Und wenn dieser sich vermindert oder aufgebraucht ist, kommen diese Symptome zum Vorschein.

Anna darf nicht vergessen, dass sie außer der Zielerreichung auch noch den Alltag zu bewältigen hat. Tägliche geschäftliche Tätigkeiten müssen ebenso erledigt werden wie Privates. Ein weiterer Faktor ist die Gesundheit. Eine kleine Verkühlung kann schon einiges an Energie kosten.

Auch auf dieses Symptom wurde Anna im Workshop bestens vorbereitet. Eine kurze Erholungspause ist ab und zu notwendig, um zu regenerieren. Diese Pause hat nichts mit Versagen zu tun und es zeigt auch keine Schwäche. Das Ziel wird ja nach der Regeneration weiter verfolgt. Wichtig ist auch hier, notwendige Verzögerungen in der Routenplanung zu aktualisieren und vor allem mögliche Partner davon in Kenntnis zu setzen.

Auch diese müssen in der Folge ihren Zeitplan korrigieren.

> *Wenn es einen triftigen Grund gibt, nehmen Sie sich eine kurze Auszeit. Laden Sie Ihre Batterien wieder auf und verfolgen Sie danach Ihr Ziel wieder mit 100 Prozent. Vergessen Sie nicht Ihren Zeitrahmen neu anzupassen, um Ihre Fahrt zum Ziel überprüfen zu können.*

Anna beschließt zu ihren Eltern nach Kärnten zu fahren, um in deren Garten Energie zu tanken und Abstand vom Alltag zu gewinnen. Nach einer kurzen Auszeit überlegt Anna, ob der Energieabfall möglicherweise etwas mit ihrer Arbeitsweise zu tun hat. Hat sie wirklich effektiv gearbeitet oder hat sie Energie für Unnötiges oder nicht so Wichtiges aufgewendet? Gibt es Tätigkeiten, die sie einfach anders und zeitsparender erledigen könnte? Da ja jeder Schritt und jede Tätigkeit genau dokumentiert ist, kann Anna leicht überprüfen, ob und wo es die sogenannten Energiefresser gibt. Sie setzt sich gemütlich in den Garten und findet schnell in ihrer Liste einen solchen Energiefresser. Sie hat bei den Malerarbeiten viel zu viele Angebote eingeholt. Die Auswertung und der Vergleich der Angebote haben ihr viel Energie gekostet.

Diesen Fehler macht Anna nicht mehr. In der Folge wird sie nur noch drei konkrete Angebote von Dienstleistern einholen und somit weniger Zeit in die Auswertung investieren.

Bereits Erledigtes kann sie natürlich nicht mehr rückgängig machen, aber in Zukunft kann sie diese Fehler vermeiden und so Energie sparen. Eine ständige Selbstkontrolle und notwendige Korrektur ist unabdingbar.

> *Arbeiten Sie effektiv. Analysieren Sie, ob Sie alles optimal erledigen und wenn nicht, wie und wann Sie eine Optimierung vornehmen können. Verbrauchte Energie kann nicht mehr zurückgeholt werden, daher nützen Sie sie sorgsam. Effektives Arbeiten senkt den Stresspegel und führt zu mehr Wohlbefinden.*

Die Gewöhnungsphase

Nach einer kurzen Regenerationsphase und den notwendigen Anpassungen in ihrer Liste geht es bei Anna mit der Zielerreichung voll motiviert weiter. Wie gelernt, hat sie sich Zwischenziele gesetzt und überprüft diese sogenannten Meilensteine auch kontinuierlich. Der Vorteil besteht darin, dass notwendige Anpassungen in kleinen Blöcken einfacher sind als die komplette Projektumgestaltung.

Anna ist nun voll und ganz mit der ErfolgsNAVI-Technik vertraut. Sie merkt, dass sie die ErfolgsNAVI-Technik lebt und über vieles nicht mehr nachdenken muss. Es gibt kaum unerwartete Überraschungen, sie blockt negative Einflüsse souverän ab und bemerkt, dass immer wiederkehrende Tätigkeiten zur Routine geworden sind.

Es funktioniert alles fast von alleine und vollautomatisch. Nach einer kurzen Gewöhnungsphase läuft für sie alles bestens.

Kapitel 4   **DIE FAHRT BEGINNT**

Die Gewöhnungsphase

An eine neue Situation muss man sich erst gewöhnen, bis diese selbstverständlich wird. Denken Sie an ein Fitnessstudio. Wie quälend sind die ersten Trainingseinheiten zu Beginn? Wenn Sie jedoch durchhalten, dann wird es zur Selbstverständlichkeit und ist ein fixer Bestandteil in Ihrem Alltag. Ebenso ergeht es all jenen, die abnehmen möchten. Haben Sie die erste Phase überstanden, dann tritt der Gewöhnungseffekt ein und die geplante Diät oder der Sport werden für Sie zur Selbstverständlichkeit.

Eine persönliche Geschichte von mir:

Ich bin nicht sehr sportlich, jedoch habe ich mir vor einigen Jahren vorgenommen, etwas Einfaches für meine körperliche Ertüchtigung zu tun. Da ich im fünften Stock wohne, war es mein Ziel, die Stufen zu nehmen, anstatt den Aufzug zu nutzen. Gesagt getan, die ersten Tage haben mir jedoch die Luft geraubt. Ich bin Nichtraucher, fühlte mich aber wie ein Kettenraucher. Aber das war nicht das größte Problem. Das Schlimmste war, dass ich immer wieder den Aufzug genommen habe. Ich musste mich voll und ganz darauf konzentrieren, die Stufen zu nehmen. Nach einiger Zeit war ich soweit, dass, als ich mich im Aufzug wiederfand, ich diesen demonstrativ wieder verlassen und die Stufen genommen habe. Nach circa drei Monaten hat sich alles soweit einprogrammiert, dass ich nun automatisch die Stufen nehme. Wie gesagt, es erfordert eine kurze Eingewöhnungsphase. Auf diese Art und Weise steige ich pro Jahr über 58.000 Stufen. Und das ohne Fitnesscenter und ohne Geräte. Ich denke, das ist kein schlechtes Training für meinen Körper. Vor allem, es passiert nebenbei.

In der Not ist Übernatürliches möglich

Anna hat auch ihre persönlichen Grenzen kennengelernt und kann damit sehr gut umgehen. Sie weiß, wie weit sie gehen und was sie leisten kann. Gegen Ende der Zielerreichung versucht sie alles zu geben und noch genauer zu planen, damit sich bis zur Geschäfts-Neueröffnung nichts verschiebt oder schiefgeht. Doch nicht alles verläuft nach Plan.

Knapp vor der Eröffnung, es sind nur noch wenige Arbeiten zu erledigen, bis sie ihren Kunden den neugestalteten Verkaufsraum präsentieren möchte, gibt es Probleme mit dem Malerbetrieb. Es wurde die falsche Farbe geliefert und für eine Neubestellung ist zu wenig Zeit.

Anna fühlt eine gewisse Panik. Hat sie doch alles bestens geplant, alle Eventualitäten vorgesehen. Doch dass die falsche Farbe geliefert wurde, der Malerbetrieb diese bei der Anlieferung nicht kontrolliert und erst knapp vor den Malerarbeiten den Fehler entdeckt hat, das war nicht vorhersehbar. Da es sich um eine spezielle, abwaschbare Farbe handelt, besteht auch nicht die Möglichkeit, diese in einem Baumarkt schnell noch zu besorgen.

Anna nimmt das Problem, wie sie es im Workshop zum Thema „Umleitung" gelernt hat, selbst in die Hand. Sie verhandelt direkt mit dem Hersteller, welche Möglichkeiten bestehen, die richtige Farbe doch noch zu bekommen.

Wie sich herausstellt, ist das einzige Problem der Transport. Die Farbe zu mischen ist eine lösbare Sache, aber der Transport dauert zu lange, da der Hersteller im Ausland zu Hause ist und Anna die Farbe am nächsten Morgen benötigt.

Anna wächst über sich hinaus. Jetzt ist die volle Erfolgs-NAVI-Technik gefragt. Sie beschließt kurzerhand die Farbe selbst abzuholen. Sie fährt mit dem Auto am frühen Nachmittag weg und begibt sich in Richtung Hersteller. Dieser ist vier Autostunden entfernt. Sie hat vereinbart, dass sie außerhalb der Öffnungszeiten ankommen wird und die Ware beim Nachtportier hinterlegt wird. Nach circa vier Stunden ist sie angekommen und lädt die Farbe in ihr Auto ein, sie ist zufrieden. Ab jetzt liegt alles nur noch in ihrer Hand. Der Malerbetrieb ist fix für nächsten Morgen bestellt und da sie die Ware besorgt hat, ist alles wieder im grünen Bereich.

Nach einer kurzen, jedoch ausreichenden Regenerationspause beginnt sie die Rückreise. Sie hat genug Zeit, sich den Ablauf des nächsten Tages zu überlegen. In den frühen Morgenstunden kommt sie im Geschäft an und lädt die Farbe für die Maler aus. Den Malerbetrieb hat sie unter Druck gesetzt und als Wiedergutmachung mehr Personal gefordert, um die verlorene Zeit wieder aufzuholen. Natürlich hat dieser zugestimmt.

Kapitel 4 — DIE FAHRT BEGINNT

In der Früh läuft wieder alles nach Plan. Anna, ein wenig müde, ist auch hier zur Stelle und hat sofort nach den Malerarbeiten mit der Neugestaltung des Geschäftslokals begonnen. Regale müssen befüllt und Dekorationen angebracht werden. Natürlich sind auch die üblichen Reinigungsarbeiten notwendig. Gerade diese Kleinigkeiten hat sie bei ihrer Planung beachtet und dafür hilfreiche Hände, sprich ihre „echten Freunde", organisiert. Als motiviertes Team schaffen sie das unmöglich Geglaubte, und der Neueröffnung in zwei Tagen steht nichts mehr im Wege.

Anna ist über sich hinausgewachsen und hat Übernatürliches geleistet. Nach all der Anstrengung hat sie auch den letzten Punkt in ihrer Fahrten-Liste abgearbeitet. Sie hat alles trotz mehrfacher Umplanungen geschafft. Ihr neugestaltetes Geschäftslokal ist zwei Tage vor der Neueröffnung fertig, die Werbung verteilt und auch alle anderen Punkte sind erledigt. Anna hat nun genug Zeit, sich zu regenerieren und sich auf die bevorstehende Geschäftseröffnung vorzubereiten.

Stolz bewundert sie mit allen Beteiligten ihr Werk und zeigt sich beeindruckt, was alles geleistet wurde. Sie kann es selbst noch nicht glauben, was alles hinter ihr liegt. Soweit wäre sie mit ihrer früheren Einstellung und Vorgangsweise nie gekommen.

> *In der Not sind Sie zu Übernatürlichem fähig. Beispielsweise wird immer wieder berichtet, dass Menschen in Notsituationen übernatürliche Kräfte entwickelt haben. Nach einem Unfall konnten sich diese Menschen aus einer Lage befreien, in der Kraft notwendig war, die eigentlich unerklärbar war. Ebenso geht es uns, wenn wir in die Enge bzw. in Zeitmangel getrieben werden. Meist schaffen wir vorgegebene Ziele trotzdem. Mit der ErfolgsNAVI-Technik können sie die Gefahr einer solchen Notsituation auf jeden Fall mindern.*

Sie hat nun vier von fünf Schritten erledigt. Der letzte Schritt jedoch ist etwas ganz Besonderes.

Kapitel 5 — SIE HABEN IHR ZIEL ERREICHT

- Geben Sie Ihr Ziel ein!
- Das Kartenmaterial wird erweitert!
- Die Route wird berechnet!
- Die Fahrt beginnt!
- Sie haben Ihr Ziel erreicht!

„Nur wer für Erreichtes dankbar ist, wird auch weitere Ziele erreichen und diese zu schätzen wissen."

Anna hat ihr Ziel erreicht

Anna hat es geschafft: Die Neueröffnung war ein voller Erfolg und sie hat ihr angestrebtes Ziel innerhalb von sechs Monaten erreicht. Nach der harten Arbeit und dem genauen Vorgehen nach der ErfolgsNAVI-Technik ist sie am Ziel angelangt. Sie arbeitet nun strukturierter und effizienter, lagert manches aus, um es nicht selbst erledigen zu müssen, hat ihr neu gestaltetes und kundenfreundlicheres Geschäftslokal beworben und auch den geplanten Gewinn erwirtschaftet.

Ihre Arbeitszeit hat sich trotz Gewinnsteigerung etwas vermindert. Natürlich ist einige Zeit vergangen, es zählt aber nur der Erfolg. Besser man erreicht ein gesetztes Ziel später als gar nicht.

> *Es ist nicht wichtig, ob Sie Ihr Ziel innerhalb Ihrer geplanten Zeit erreichen, viel wichtiger ist, dass Sie es erreichen.*

Feiern ist erlaubt

Früher hätte sich Anna im stillen Kämmerlein über den Erfolg gefreut, jetzt zeigt sie allen mit Stolz, dass sie es geschafft hat. Warum hatte Sie früher dieses Verhalten? Leider werden wir dazu erzogen, bescheiden zu sein. Wenn jemand nicht zurückhaltend ist, wird das schnell als überheblich interpretiert.

> *Bescheidenheit, Fluch oder Segen?*
>
> *Bescheidenheit wird uns schon in jungen Jahren anerzogen. Das ist auch der Grund, warum sich viele nicht in die erste Reihe setzen, anderen ständig den Vortritt lassen oder aber für andere ständig auf etwas verzichten. Wurde etwas geleistet, sollten wir es am besten ganz bescheiden hinnehmen. Sie erkennen schon: Bescheidene Menschen stellen sich immer in den Hintergrund. Wie sollen diese Menschen je etwas erreichen?*
>
> *Wenn Sie etwas erreicht haben, haben Sie das Recht sich zu freuen. Oder haben Sie jemals einen Sportler gesehen, der gewonnen und sich nicht gefreut hat? Freude hat nichts mit Überheblichkeit zu tun, es zeigt, dass Ihnen das erreichte Ziel wichtig war und Sie diesen Moment zu schätzen wissen.*

Anna erzählt ihren Freunden von ihrem Erfolg und erntet auch viel Lob und Anerkennung. Sie feiert den Erfolg und strahlt so viel Selbstvertrauen aus, dass sie für andere zum Vorbild geworden ist. Sie hat bewiesen, dass mit vollem Einsatz und einer hilfreichen Technik Ziele wirklich erreicht werden. Das beflügelt natürlich jene, die selbst schon versucht haben, Ziele zu erreichen, jedoch gescheitert sind.

Überraschend ist die Tatsache, dass sehr viele gar keine Ziele haben. Doch das wird sich höchstwahrscheinlich nach Annas Erfolg ändern.

> *Ziellosigkeit demotiviert und kann zu Burnout führen. Ohne ein Ziel erleben Sie den Alltag ohne Höhen und Tiefen. Es gibt nichts, worauf Sie sich freuen können, weil Sie ja ziellos sind.*

Dankbarkeit zeigen

Anna ist dankbar für das Erreichte. Dankbarkeit ist für sie ganz wichtig, weil es ein Zeichen dafür ist, dass ihr Erfolg für sie nicht selbstverständlich ist. Es wird dadurch auch die Wichtigkeit des Vorhabens bestätigt und dass diese Phase bewusst erlebt wird. Nachdem sie ihr erstes großes Ziel erreicht hat, vertraut sie nun voll und ganz der Erfolgs-NAVI-Technik.

Ihre Einstellung gegenüber anderen, vor allem erfolgreichen Menschen hat sie komplett verändert. Ihre Sichtweise ist nun eine völlig andere, hatte sie doch früher zwischen reichen Menschen und dem Mittelstand unterschieden. Die Reichen und Erfolgreichen waren für sie immer jene, die es nicht verdient hatten und die durch Zufall oder unseriöse Geschäfte zu Ruhm gekommen waren. Doch schon alleine durch das Lesen einiger Biographien ist ihr klar geworden, das diese Menschen ebenso wie sie selbst sich einfach nur höhere Ziele gesetzt und diese durch harte Arbeit erreicht haben. Im Gegenteil, sie sucht sogar den Kontakt zu solchen Menschen, um mehr zu lernen und für sich selbst einzusetzen.

> *Verurteilen und meiden Sie nicht die Gruppe der erfolgreichen Menschen. Sie werden nie das erreichen, was diese Gruppe erreicht hat, wenn diese ein Feindbild für Sie ist. Vielmehr begeben Sie sich in diese Kreise, um zu sehen und zu fühlen, wie es ist, wenn auch Sie diese Liga erreicht haben.*

Wer glaubt, dass jetzt alles erledigt ist, täuscht sich. Wenn jemand sein Ziel erreicht hat und meint, das war's, geht er ein großes Risiko ein, sein erreichtes Ziel wieder zu verlieren. Ein erreichtes Ziel muss gefestigt und ausgebaut werden, weiterentwickelt und perfektioniert.

Wie ist das bei Anna zu verstehen?

Ihr Geschäft läuft zur Zufriedenheit, doch wer kann garantieren, dass es so bleibt? Um den Erfolg nachhaltig abzusichern, muss sie sich überlegen, was sie sich als nächstes Ziel setzt. Die Konkurrenz schläft bekanntlich nicht. Somit ist es notwendig, vorzudenken und vorzuplanen.

> *Wer sein erreichtes Ziel länger erhalten möchte, muss es festigen und sich gleich ein neues Ziel setzen.*

Abgesehen vom Absichern des Erreichten, möchte sich Anna als nächstes Ziel ein persönliches Partnerschaftsziel setzen. Sie ist überzeugt, auch das souverän zu erreichen.

Die fünf Schritte im Überblick

> **Geben Sie Ihr Ziel ein!**

- Finden Sie Ihr persönliches Ziel.
- Begeben Sie sich an einen ruhigen Ort und denken Sie darüber nach, was Sie gerne erreichen möchten.
- Bewerten Sie nicht, ob das Ziel derzeit auch erreichbar ist.
- Denken Sie dabei nur an sich selbst, ohne jegliche Verpflichtung gegenüber anderen.
- Stellen Sie sich vor und fühlen Sie in Gedanken, wie es ist, wenn Sie ihr Ziel erreicht haben. Fühlt es sich gut an, ist es das richtige Ziel.
- Überlegen Sie sich, ob das gefundene Ziel es wert ist, dass Sie dafür einen beschwerlichen Weg auf sich nehmen.
- Halten Sie Ihr Ziel schriftlich ganz genau fest.

Die fünf Schritte im Überblick

> **Das Kartenmaterial wird erweitert!**

- Machen Sie eine Ist-Analyse, um abzuklären, von welcher Ausgangssituation Sie Ihre Reise zum Ziel beginnen. Was erfüllen Sie bereits, was zur Zielerreichung notwendig ist.
- Notieren Sie jene Voraussetzungen, die Sie noch benötigen, um sich auf den Weg zum Ziel machen zu können (z.B. Weiterbildung, Finanzen, Gespräche bezüglich Kooperationen etc.).
- Haben Sie alle Voraussetzungen definiert, dann können Sie mit der Routenplanung beginnen

Die fünf Schritte im Überblick

Die Route wird berechnet!

- Definieren Sie, über welchen Weg Sie Ihr Ziel erreichen möchten. Notieren Sie die einzelnen Schritte mit einem geplanten Erreichbarkeitsdatum.
- Beachten Sie, dass der schnellste Weg nicht der sicherste sein muss. Auf einem langsameren Weg können Sie unter Umständen mehr lernen und mehr Erfahrung sammeln.
- Planen Sie messbare Zwischenziele ein, um überprüfen zu können, ob Sie sich noch am richtigen Weg befinden.
- Informieren Sie Ihr Umfeld über Ihre Pläne, damit dieses mögliche Veränderungen Ihrer Person versteht.

Die fünf Schritte im Überblick

Die Fahrt beginnt!

- Beginnen Sie ohne Wenn und Aber die Fahrt zu Ihrem Ziel.
- Übernehmen Sie die volle Verantwortung für Ihr Tun.
- Sprechen Sie Ihre schriftlich festgehaltenen Ziele täglich laut aus.
- Umgeben Sie sich nur mit positiv denkenden Personen, die Sie bei Ihrem Projekt unterstützen.
- Arbeiten Sie die Liste der Routenplanung kontinuierlich ab.
- Überprüfen Sie ständig, ob Sie sich noch am richtigen Weg befinden.
- Sollte etwas nicht so funktionieren wie geplant (Stolpersteine), dann wenden Sie die „NA DANN" Technik an. Geht es nicht weiter, NA DANN finden Sie einen anderen Weg. Planen Sie eine neue Route. Vergessen Sie nicht, auch die Zeitplanung der nachfolgenden Punkte zu korrigieren.

Sie haben Ihr Ziel erreicht!

- Gratulation, Sie haben es geschafft.
- Zeigen Sie Ihre Freude und seien Sie stolz auf Ihren Erfolg.
- Scheuen Sie sich nicht, Ihre Freude und Ihren Stolz zu zeigen.
- Werden Sie zum Vorbild für andere.
- Ruhen Sie sich nicht zu lange auf Ihren Lorbeeren aus, Sie wissen nicht, wie lange Ihr erreichtes Ziel erhalten bleibt.
- Überwachen Sie ständig das Erreichte und reagieren Sie rechtzeitig auf Veränderungen.
- Planen Sie schon Ihr nächstes Ziel, um Erreichtes abzusichern oder auch etwas Neues zu erreichen.

Ratschläge – Tipps und Tricks

Ihre Persönlichkeit

Das Fundament des Erfolges ist eine starke Persönlichkeit. Wer sich selbst nicht liebt und akzeptiert, wird beim kleinsten Problem immer wieder an sich selbst zweifeln. Selbstzweifel bieten anderen eine ideale Angriffsfläche. Sie sind verletzlich.

Daher beachten Sie folgende Punkte:

- Akzeptieren Sie sich so, wie Sie sind, mit allen Ihren Fehlern und all dem Guten, was Sie einmalig macht
- Sehen Sie das Positive in Ihrer Person
- Gehen Sie mit erhobenem Kopf und breiter Brust durchs Leben, stellen Sie sich Gegenwind selbstsicher entgegen
- Akzeptieren und lassen Sie es zu, dass Sie besondere Fähigkeiten und Gaben haben, unabhängig davon, in welchem Bereich (Geschäftssinn, Kreativität, Umgang mit Menschen etc.)
- Hören Sie hin, wenn jemand Sie lobt und eine Ihrer Fähigkeiten hervorhebt
- Nehmen Sie Lob an und lassen Sie positives Feedback zu

TIPPS und TRICKS

- Begeben Sie sich auf keinen Fall in die Opferrolle, auch wenn Sie im Laufe Ihres Lebens schon vieles erlebt haben

Der Umgang mit negativ denkenden oder demotivierten Menschen!

Fast unbemerkt lassen wir es zu, dass wir unsere Energie an negativ denkende Menschen vergeuden. Immer versuchen wir, diese zu bekehren und sie auf einen positiven Weg zu bringen. Leider funktioniert das, wenn überhaupt, nur in den seltensten Fällen. Der einzige Weg, um diesen Typ in die richtigen Bahnen zu lenken, ist, Erfolg vorzuleben. Vorzuzeigen, wie man etwas erreichen kann und dass es funktioniert. Entweder dieser Mensch erkennt das Positive und motiviert sich daran selbst, oder es ist psychologische Betreuung – sprich fachmännische Hilfe – vonnöten.

Ist es Ihnen schon passiert, dass Sie jemanden mehrmals um Unterstützung gebeten haben und diese Person immer wieder Ausreden gefunden hat, warum er Sie jetzt nicht unterstützen kann? Oder Sie haben von dieser Person überhaupt nichts mehr gehört? Dann ist sie an diesem Thema nicht interessiert. Es hat für sie keine Wichtigkeit. Natürlich können Sie noch viele Versuche starten, jedoch wird immer wieder Gleiches herauskommen, nämlich Desinteresse. Seien Sie nicht enttäuscht. Ich bin mir sicher, diese Person macht es nicht bewusst und absichtlich, vielmehr lebt sie in einer für sie nicht zufriedenstellenden Welt.

TIPPS und TRICKS

Die Ursachen können Kindheitserlebnisse oder auch negative bzw. demotivierende Lebenserfahrungen sein. Da ich kein Therapeut bin, treffe ich keine fachliche Aussage. Fakt ist, diese Menschen leben in ihrer eigenen, oft traurigen Welt.

Erkennen Sie eine solche Reaktion, gehen Sie einfach Ihren Weg weiter, ohne weitere Hilfe dieser Person einzufordern. Auch wären solche Menschen – wenn überhaupt – nur halbherzig bei der Sache.

Welche Anzeichen weisen auf negativ denkende Menschen hin? Diese Frage klingt lächerlich, jedoch umgeben wir uns oft unbewusst mit ihnen und erkennen zu spät unseren sinnlosen Energieverlust.

Nachfolgend einige Anzeichen für negativ denkende Menschen. Diese Auflistung ist im Rahmen meiner langjährigen Trainertätigkeit entstanden und soll Sie beim Erkennen unterstützen.

Negativ denkende, desinteressierte oder demotivierte Menschen

- *ergreifen kaum Eigeninitiative und sind antriebslos*
- *zeigen wenig Freude*
- *ziehen sich in ihre eigene Welt zurück*
- *finden in jeder Aussage Negatives*
- *verurteilen gerne andere, denen es besser geht*
- *zeigen an nichts Interesse*
- *kommentieren meist nur negative Berichte aus der Zeitung, dem Radio oder Fernsehen und glauben diese auch*
- *lassen sich leicht zum Jammern und Leiden verführen*
- *werden öfter krank*
- *verteidigen ständig ihren Zustand und versuchen diesen zu begründen*
- *nehmen Lob nicht an und schwächen dieses ab*
- *sagen steht's, wenn man sie um Unterstützung bittet: „Ich hab's vergessen."*

TIPPS und TRICKS

An welchen Rädchen können Selbstständige in ihrem Betrieb drehen?

- *Erstellen Sie eine genaue Liste mit Ihren Einnahmen, um eine Optimierung Ihrer Produkte oder Dienstleistung vornehmen zu können.*
- *Machen Sie eine Aufstellung über Ihre Fixkosten und optimieren Sie diese (Handy, Versicherung, Stromanbieter, Miete...).*
- *Denken Sie darüber nach, warum ein Kunde zu Ihnen kommen soll (was bieten Sie, was andere nicht bieten). Ist das auch in Ihrem Portfolio zu finden?*
- *Zu wie viel Prozent stehen Sie hinter dem, was Sie anbieten? Unter 100 Prozent müssen Sie Optimierungen vornehmen.*
- *Investieren Sie in etwas, was Ihnen weiterhelfen kann (Werbung, externe Berater...). Auch ein Bauer muss säen, bevor er ernten kann. Sie können ja mit kleinen Beträgen beginnen.*
- *Bewegen Sie sich in Kreisen potenzieller Kunden.*
- *Gehen Sie zu für Sie interessanten Veranstaltungen, um am Laufenden zu bleiben.*
- *Nutzen Sie Ressourcen von anderen, um nicht etwas zu erfinden, was es schon gibt.*

TIPPS und TRICKS

- *Wenn Sie das Gefühl haben, Ihr Produkt wird nicht angenommen, machen Sie eine Umfrage unter Bestandskunden. Wie zufrieden sind diese, was wünschen sie sich, würde man Sie weiterempfehlen etc.! Hilft auch das nicht, sollten Sie in eine komplett andere Richtung denken.*
- *Reservieren Sie sich Zeit zur Entspannung, um Ihre Batterien aufzuladen. Nicht jede Erholungsmöglichkeit kostet Geld.*

In welchen Bereichen kann die ErfolgsNAVI-Technik eingesetzt werden?

Ich persönlich habe noch keinen Bereich gefunden, in dem diese Technik nicht eingesetzt werden kann. Ob Firma oder auch privat, überall ist es notwendig, seine Ziele und Wünsche nach einem strukturierten System zu verfolgen.

Ohne Ziele bewegen Sie sich im schwerelosen und unbefriedigenden Raum.

Zur Ideenfindung möchte ich dennoch einige Einsatzmöglichkeiten beschreiben.

Verkauf:

Gerade im Verkauf ist es notwendig zu wissen, was und wie möchte ich etwas verkaufen. Ein Verkaufsziel setzen und die notwendigen Voraussetzungen schaffen, um dieses auch erreichen zu können, ist unabdingbar. Machen Sie das nicht, dann fallen Sie in die Gruppe der „Warenbewacher". Welche Voraussetzungen können das nun sein? Beispielsweise sich näher für ein bestimmtes Produkt interessieren, um die Highlights herauszufiltern, oder auch eine Verkaufsschulung besuchen. Auch zählt die Eruierung der aktuellen Kundenwünsche zur Voraussetzung für den Erfolg. Gerade wenn Sie selbstständig sind, ist Zeit und Geld ein sehr kostbares Gut. Ein roter Erfolgsfaden ist ein absolutes Muss.

Im Büro:

Diese Gruppe fragt sich oft, wieso soll ich mir überlegen, wie ich meinen Tag gestalten soll, oder welche Ziele soll ich mir setzen, meine Tätigkeit wird doch von anderen vorgegeben und ist täglich dieselbe?

Sie können es sich aussuchen, ob Sie wie eine Maschine arbeiten oder mit Freude und Kreativität Ihre Arbeit verrichten möchten. Welche Ziele können in dieser Tätigkeit gesetzt werden?

Beispielsweise interne Abläufe oder die Kommunikation mit Kunden verbessern. Wenn Sie sich für eine Verbesserung interessieren, dann werden Sie auch gegenüber Ihren Vorgesetzten dementsprechend zielsicher auftreten, um Ihre Vorschläge zu verwirklichen. Spielen Sie einfach Ihre ganz persönlichen Stärken aus. Ein Nebeneffekt, wenn Sie immer wieder an Verbesserungen arbeiten: Es wird sicherlich auch für eine mögliche Beförderung hilfreich sein.

Auch ist eine erfüllte Tätigkeit mit klaren Zielen gut für die Seele. Also nicht einfach alles automatisiert machen, sondern den Sinn in der Tätigkeit und den eigenen Fähigkeiten entsprechend Ihrer Berufung finden.

Meetings:

Mein Lieblingsthema.

Stellen Sie sich eines der üblichen Meetings vor. Es wird nach einer Verbesserung, Neuerung etc. gesucht. Kommt von jemandem ein Ziel-Vorschlag, denken die Anderen schon über die Realisierung nach. Meist scheitern viele Vorschläge an dieser Eigenheit. Wenn aber nach der ErfolgsNAVI-Technik vorgegangen wird, dann ersparen Sie sich viele Leerläufe und zeitraubende Diskussionen.

Wenn im ersten Meeting ein gemeinsames Ziel gefunden werden soll, dann sprechen *ALLE* über die Zielfindung. Es soll vorerst nicht weiter über die Realisierung gesprochen werden.

Ist ein Ziel gefunden, dann wird im nächsten Schritt über die notwendigen Voraussetzungen diskutiert. Was muss umorganisiert oder neu geschaffen werden, um das Ziel realisieren zu können? Auch hier sprechen *ALLE* nur über diese Voraussetzungen.

Sie sehen, eine einheitliche Diskussionsgrundlage, wie sie die ErfolgsNAVI-Technik vorgibt, spart Zeit (und somit auch Geld) und verhindert meist auch Konfrontationen.

Auf demselben Level zu diskutieren führt schneller und sicherer zum Erfolg.

„Das Schwierige ist,

das Einfache zu leben."

Schlusswort

Wie Sie bemerkt haben, ist es nicht so schwer, sein Wunschziel zu erreichen, wenn nach einer nachvollziehbaren Technik vorgegangen wird und Geschehnisse, die bisher überraschend eingetreten sind, nun erwartet werden. Natürlich passiert der Erfolg nicht von alleine, Sie müssen schon hart daran arbeiten, jedoch macht es wirklich viel Spaß.

Um selbst Ihre erfolgreiche Reise zu beginnen, empfehle ich Ihnen das Ablaufdiagramm sowie die TO-DO-Liste der fünf Schritte auf meiner Webseite (www.erfolgsnavi.at). Gehen Sie genau nach diesen Vorgaben vor. Das Kennwort zum Download lautet „**ERFOLGSNAVI**". Auch hilft Ihnen die Geschichte im Buch bei der Zielerreichung, Sie müssen nur den Namen Anna durch Ihren Namen ersetzen.

Finden Sie einfach in aller Ruhe IHR Ziel, ungeachtet einer Bewertung, ob die Erreichung möglich ist oder nicht. In dieser Phase dürfen Sie ausnahmslos nur an sich selbst denken. Träumen ist erlaubt.

Dann analysieren Sie, welche Voraussetzungen Sie erfüllen müssen, um die Route zu planen (Schulungen, Wissenserweiterung, Partner...). Machen Sie diese Analyse ganz genau und seien Sie dabei ehrlich zu sich selbst. Planen Sie die gewünschte Route mit Bedacht. Der schnellste Weg muss nicht immer der beste sein. Vergessen Sie nicht, messbare Zwischenziele einzuplanen, um die einzelnen Etappen überprüfen zu können.

Beginnen Sie die Fahrt zum Ziel und finden Sie keine Ausreden, warum Sie später damit beginnen möchten. Sie können nur gewinnen und sind niemandem zu Rechenschaft verpflichtet. Belohnen Sie sich beim Erreichen von Zwischenzielen.

Freuen Sie sich, wenn Sie Ihr Ziel erreicht haben. Zeigen Sie diese Freude und genießen Sie Ihren Erfolg. Feiern ist erlaubt, nur nicht zu lange auf den Lorbeeren ausruhen. Sie müssen Erreichtes festigen und sich weitere Ziele für die Zukunft setzen. Ihr Umfeld verändert sich und Sie müssen sich mit bewegen. Gute und genau Beobachtung ist eine immer wiederkehrende Notwendigkeit, um Ihr erreichtes Ziel lange zu erhalten.

Behandeln Sie andere trotz Ihrer angeeigneten Beharrlichkeit immer mit Respekt und Fairness.

Werden Sie einfach zu Ihrem persönlichen ErfolgsNAVI-Gerät und gehen Sie mit gutem Beispiel voran.

Ich wünsche Ihnen viel Erfolg und viel Freude auf dem Weg zu Ihren neuen Zielen.

Alles Liebe

Wolfgang Halac

ErfolgsNAVI Ablaufdiagramm

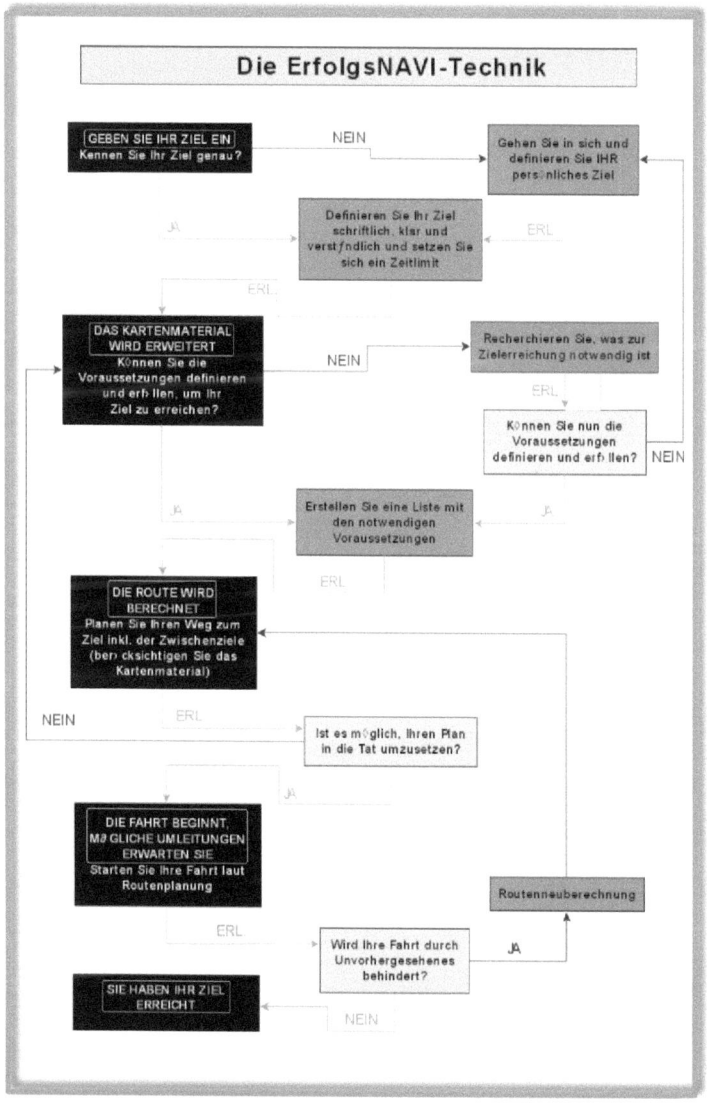

Annas ErfolgsNAVI-Arbeitsblätter

Das Ziel definieren

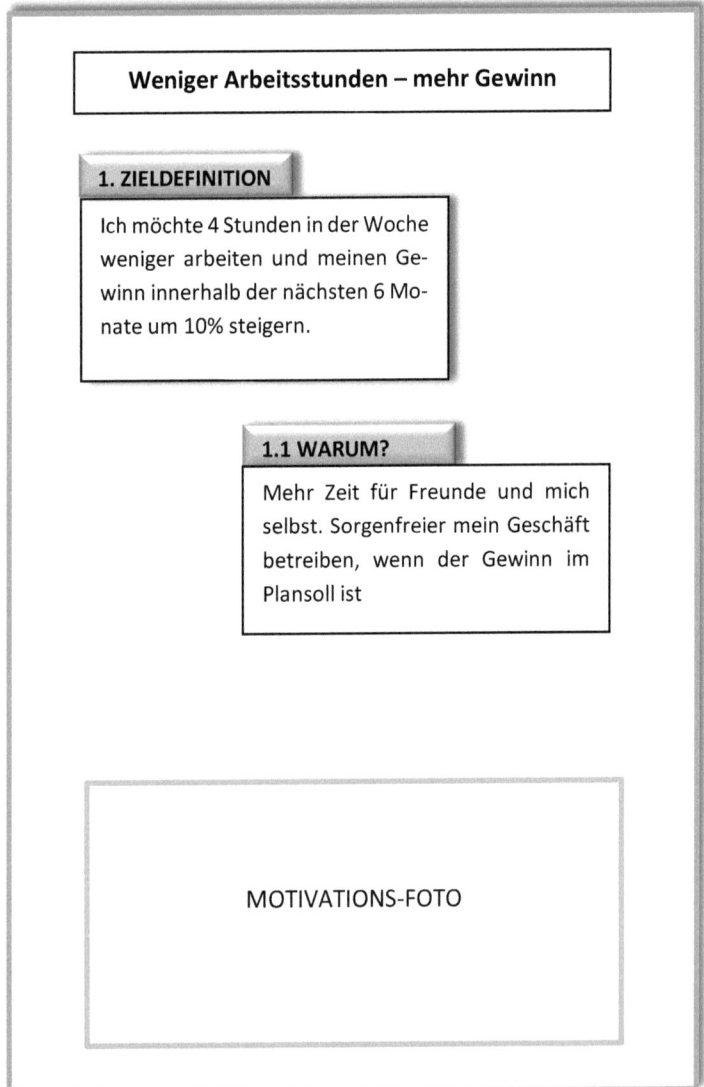

Weniger Arbeitsstunden – mehr Gewinn

1. ZIELDEFINITION

Ich möchte 4 Stunden in der Woche weniger arbeiten und meinen Gewinn innerhalb der nächsten 6 Monate um 10% steigern.

1.1 WARUM?

Mehr Zeit für Freunde und mich selbst. Sorgenfreier mein Geschäft betreiben, wenn der Gewinn im Plansoll ist

MOTIVATIONS-FOTO

Das Kartenmaterial erweitern (Voraussetzungen festlegen)

Was müssen Sie alles tun, klären und erledigen, um Ihr Ziel erreichen zu können. Tragen Sie hier vorab alles ein, was Ihnen einfällt. In der Folge übernehmen Sie dann nur jene Punkte in die Routenplanung, die wirklich notwendig sind.

2. ZU ERFÜLLENDE VORAUSSETZNGEN		
Notwendig	Voraussetzung	Bemerkung
☒	Gespräch mit der Bank bezüglich einer Erhöhung des Überziehungsrahmens für den Geschäftsumbau	Ein Rahmen in der Höhe von 5.000,-- ist für sechs Monate notwendig. Letzte Bilanz herrichten.
☒	Malerarbeiten koordinieren – Farbe aussuchen	Fa. X kontaktieren und Termin für Farbauswahl ausmachen. Danach den Termin für die Arbeiten vereinbaren.
☒	Werbemaßnahmen	Gespräch mit Werbeagentur bezüglich Flyergestaltung und Verteilaktion im Umkreis vom Geschäft ausmachen.
☒	Paketshop wieder beenden	Vertragsauflösung eingeschrieben an den Partner bis Datum xx.xx.xxx abschicken.
☒	Einige Einrichtungsmöbel erneuern	Ältere Regale durch Neue ersetzen.
☒	Freunde koordinieren und informieren	Freunde bezüglich Hilfe ansprechen. Auch über eine persönliche Veränderung aufklären.

Die Route festlegen (Ablaufplan)

Planen Sie hier den gewünschten Weg zum Ziel. Übernehmen Sie die Punkte aus Punkt 2 „Zu erfüllende Voraussetzungen" in der Reihenfolge, wie diese abgearbeitet werden müssen (Priorität). Routenänderungen sind jederzeit möglich.

3. DIE ROUTE WIRD BERECHNET			
Erledigt	Schritt	Datum bis wann	Zusatz
☒	Bankgespräch	xx.xx.xxxx	5000,- Überziehungsrahmen
☐	Freunde informieren	xx.xx.xxxx	Zukünftige Veränderungen besprechen
☐			
☐			
☐			
☐			

Die Liste der Fahrt (die einzelnen Schritte der Routenplanung werden eingetragen und abgearbeitet)

Die Aufgaben aus der Routenplanung werden in die „Liste der Fahrt" übernommen. Das bedeutet, Sie nehmen den ersten Punkt aus der Routenplanung und übertragen ihn in die „Liste der Fahrt". Diesen Eintrag müssen Sie nun erledigen, bevor Sie den nächsten Punkt aus der Routenplanung übernehmen. In Ausnahmefällen können mehrere Punkte parallel in der Liste abgearbeitet werden. Aber nur dann, wenn diese nicht voneinander abhängig sind und es die körperliche und geistige Kapazität zulässt.

4. DIE REISE ZUM ZIEL BEGINNT

Im Plan	Ablaufkontrolle - Routenänderung	Datum bis wann	Zusatz
☐			
☐			
☐			
☐			
☐			
☐			

Gedanken und Notizen

Stichwortverzeichnis

Aufgedrängtes Ziel 20
Burnout 103
Dankbarkeit 104
ErfolgsNAVI-Technik 25
Fixkosten 50
Fokussieren 73
Gewöhnungsphase 91
Inverse Denktechnik 34
Istzustand 50
Jammern und leiden 77
Leidgenossen 77
Lernen von den Besten 37
Na dann Technik 82
Respekt 126
Routenplanung 63
Stolpersteine 82
Zielfindung 31
Zwischenziele 66

Das sagen Teilnehmer über die ErfolgsNAVI-Technik

„Sein Unternehmen durch die täglichen Herausforderungen des Marktes erfolgreich zu navigieren, ist die Hauptaufgabe der Chefin, des Chefs und entscheidet über wirtschaftlichen Erfolg oder Misserfolg.

Wolfgang Halac hat mit seiner ErfolgsNAVI-Technik ein klar strukturiertes, logisch aufgebautes und leicht verständliches Modul entwickelt, das ich als Unterstützung für die eigene Unternehmensentwicklung und -führung gerne empfehlen möchte.

In diesem Buch sind die einzelnen Schritte klar dargestellt, die Handlungsanweisungen leicht verständlich und die Zusammenhänge sofort erkennbar.

In seinen Vorträgen überzeugt Wolfgang Halac nicht nur durch seine Kompetenz, er zeigt auch, dass er auf eine langjährige Erfahrung zurückgreifen kann und ganz genau weiß, wovon er spricht.

Als Chefin oder Chef haben Sie mit der ErfolgsNAVI-Technik ein Instrument zur Verfügung, das viele Zusammenhänge leichter erkennbar macht und Sie in Ihrer täglichen Arbeit unterstützt."

Navigieren Sie sich zu Ihrem Erfolg.

Helmut Mondschein, MBA
Leiter FORUM [EPU KMU]
EPU-Beauftragter der Wirtschaftskammer Wien

Ich habe einen Workshop von Wolfgang Halac zum Thema „Erfolgsnavi – so NAVIgieren Sie Ihr Unternehmen zum Erfolg" besucht und war schlichtweg begeistert.

Auf der einen Seite von der NAVI-Technik an sich, auf der anderen Seite aber auch von der Präsentation des Herrn Halac. Er lässt alltagstaugliche Themen und Lösungsansätze einfließen, ist authentisch und kommt schnell zum Punkt.

Die Navi-Technik habe ich für meinen Geschäftsbereich als absolut motivierend empfunden, die Umsetzung ist durch die einzelnen, leicht nachvollziehbaren Schritte problemlos möglich.

**Tom Gehringer,
Radiomoderator, Werbesprecher, Coach**

„Wolfgang Halac hat mit seiner ErfolgsNAVI-Technik nicht nur eine holistische Methode zur Zielsetzung und -erreichung gefunden, sondern auch eine einzigartige Metapher entwickelt, die im Gedächtnis haften bleibt und eine effektive Umsetzung garantiert."

**DI Dr. Roger Hage, Geschäftsführer
Regenmaker® Consulting**

 *Mit eher wenig Erwartung habe ich den ErfolgsNAVI-Vortrag von Wolfgang Halac besucht, da es ja in diesem Bereich sehr viele Anbieter gibt.*

Doch schon nach kurzer Zeit bin ich dem wirklich spannenden Thema total verfallen und war mitten drinnen in einer neuen Denkweise zur Zielerreichung. Auch wurde ich animiert, aktiv mitzumachen, um das Gehörte innerlich zu festigen.

Beim nachträglichen Smalltalk mit anderen Teilnehmern wurde mein persönlicher Eindruck zu 100 Prozent bestätigt, die ErfolgsNAVI-Technik ist wirklich verständlich und anwendbar, also echt gut. Es wurde ein wertvoller Abend für mich.

Robert Lipkovich, Geschäftsführer
Installateur – Bäderspezialist

„Es gibt nicht dumme oder gescheite Menschen, es gibt nur interessierte oder desinteressierte.
Oder auch Menschen, denen die Freiheit, sich für etwas zu interessieren, verwehrt wurde.

Jetzt haben alle, unabhängig von ihrer Vorgeschichte, die gleiche Möglichkeit, erfolgreich zu werden.

Über den Autor

Wolfgang Halac wurde 1959 in Wien geboren. Er begeisterte sich immer schon für die Bühne und den Umgang mit Menschen. Diese Begeisterung führte dazu, dass er in allen seinen beruflichen Positionen bis heute immer wieder mit Schulungen und Wissensvermittlung zu tun hat.

Seine aktuellen Themen umfassen IT und Zielnavigation. Seine Fähigkeit, Menschen mit einfachen und verständlichen Worten zu begeistern und die Selbstmotivation zu fördern, setzt er seit 1979 auch als Profimagier ein.

Diese einmalige Kombination aus Schulung und Magie ergibt einen idealen Mix, um unter anderem auch das Thema Zielnavigation aufregend, spannend und nachvollziehbar zu vermitteln.

Wolfgang Halac hält Vorträge, bietet Workshops, Seminare und Coachings an, und ist für führende Veranstalter und Unternehmen in ganz Österreich tätig.

Seine Kursbewertungen bestätigen seine praxisnahen Fähigkeiten. Im Durchschnitt über alle seine Themenbereiche bewerten 9 von 10 seine Seminare mit „Sehr gut".

Mehr unter *www.erfolgsnavi.at*.